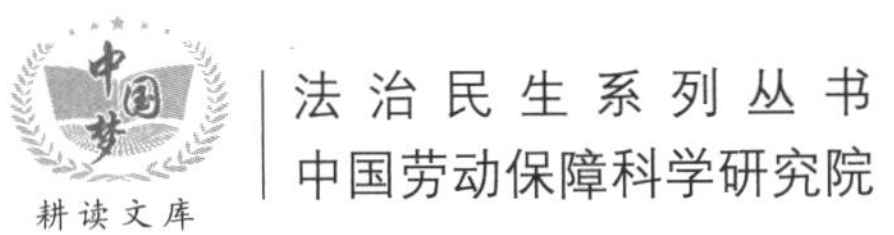

法治民生系列丛书

中国劳动保障科学研究院

伤有所救
工伤保险

张新民　张照新◎总主编

孙树志◎主编　周建文◎编著

中国民主法制出版社

2016年·北京

图书在版编目（CIP）数据

伤有所救：工伤保险 / 周建文编著 . -- 北京：中国民主法制出版社，2016.8
（法治民生系列丛书 / 张新民，张照新总主编）
ISBN 978-7-5162-1297-4

Ⅰ. ①伤… Ⅱ . ①周… Ⅲ . ①工伤保险 – 中国 – 问题解答 Ⅳ . ① F842.61-44

中国版本图书馆 CIP 数据核字 (2016) 第 209495 号

图书出品人 / 刘海涛
出 版 统 筹 / 赵卜慧
责 任 编 辑 / 刘春雨　陈棣芳

书名 / 伤有所救：工伤保险
作者 / 周建文　编著

出版·发行 / 中国民主法制出版社
地址 / 北京市丰台区右安门外玉林里 7 号（100069）
电话 / 010-63292534　63057714（发行中心）　63055259（总编室）
传真 / 010-63292534
Http://www.npcpub.com
E-mail:mzfz@npcpub.com
经销 / 新华书店
开本 / 32 开　889 毫米 ×1194 毫米
印张 / 6.375
字数 / 132 千字
版本 / 2016 年 9 月第 1 版　　2018 年 9 月第 2 次印刷
印刷 / 永清县金鑫印刷有限公司

书号 / ISBN 978-7-5162-1297-4
定价 / 18.00 元

序

所谓民生，是指民众的基本生存和生活状态，以及民众的基本发展机会、基本发展能力和基本权益保护的状况。也可以说，民生就是与实现民众的生存权利和发展权利有关的全部需求。所谓改善民生，就是促进民众的就业，增加民众的收入，增进民众的福祉，让民众有幸福感和获得感。

习近平总书记多次提到，实现好、维护好、发展好最广大人民根本利益是发展的根本目的，必须把增进人民福祉、促进人的全面发展作为发展的出发点和落脚点。

到2020年全面建成小康社会，是我们党确定的“两个一百年”奋斗目标的第一个百年奋斗目标，也是我们党作出的庄严承诺。党的十八届五中全会对全面建成小康社会决胜阶段目标任务作出了全面部署，提出了新的要求。当前，距离实现“第一个百年目标”的时间节点只有五年时间。这意味着，“十三五”期间，就是冲刺收官阶段。

当前，改善民生、增进人民福祉，有很多的事情要做：加快教育、就业、收入分配、社保、医疗卫生、食品安全等民生领域工作步伐，让民众能更多、更公平、更实在地共享改革发展成果；加快集约、高效、安全、持续的“农业现代化”建设步伐，让农民尽快富起来；按照精准扶贫、精准脱贫要求，用一套政策组合拳，确保在既定时间节点打赢扶贫开发攻坚战；扎实推进生态环境保护和生态文明建设，让良好生态环境成为人民生活质量的增长点，成为展现我国良好形象的发力点。

上述这些事情，也是民众，无论是城里人，还是农村人，最为关切的。为什么呢？这是因为，教育是改变民众自身和家庭命运最有效的途径和最广阔的平台，所以，为了改变命运，他们需要教育；就业是民生之本，对于民众来说，不能就业，生计就会出现问题；收入分配是社会公平公正的标杆，干活不给钱或少给钱，都会影响民心、影响生产、影响社会稳定；社保是解除民众顾虑之依托，有了社保，百姓就被装进“保险箱”，没有社保，生老病死、伤残、失业等后顾之忧就无法解除；医疗卫生、食品安全，也都是民众关心的热门问题，特别是随着人民生活水平的提高，其受关注的程度也越来越高；农业现代化是农民致富的源泉；精准扶贫是贫困群众摆脱贫穷的唯一途径；民众谁都不愿意长期生活在雾霾之中，须关心建设生态文明。

应该说，党和政府非常重视民生工作，出台了一系列法律法规和政策措施。但民生领域的多样性，导致现实生活中民生问题依然很多，民众在民生维权的道路上依然充满荆棘和曲折。长期以来，我国教育投入不足、农村义务教育落后、农民工子弟上学难，这些问题让农民家长们发愁，让农村孩子们不能无忧无虑地读书。目前我国仍处于劳动关系矛盾高发期和凸显期。劳动者，特别是农民在现实中权益受损害的现象较为普遍。一些企业特别是私营、个体企业不与职工签订劳动合同的现象比较普遍，劳动合同短期化、难续签的问题比较突出，一些企业还存在随意变更、解除和终止劳动合同的现象。一些企业侵犯职工的劳动报酬权，任意克扣和拖欠职工工资，侵犯职工的休息休假权，任意加班加点，延长工作时间，且不依法支付加班工资。一些企业不依法参加社会保险，逃避或少缴社会保险费，侵犯职工社会保险权益。一些企业不按规定为劳动者提供必要的劳动保护条件，劳动环境和工作条件恶劣，职业危害和安全事故时有发生。在医疗卫生方面，看病难、看病贵等问题严重影响人民的身体健康；在食品安全方面，假冒伪劣和有毒有害食品时刻威胁着民众的生命安全；生态环境每况愈下，雾霾警报不断升级，时刻刺激民众的神经。

如何引导民众共享民生发展成果？首先应该让他们学会依法维护自己的民生权益。党的十八届四中全会后，依法治国已上升到治国理政的国策地位。民众维护自己的权益，应该依法进行。但民生问题包括的范围广，涉及的内容多，政策性极强，而新政策又源源不断出台。民生领域的许多法律政策内行人尚且是雾里看花，外行人就更加难懂。为更好地帮助广大读者全面了解民生领域各项法律法规和政策措施，让广大民众更多地了解相关法律政策，更好地维护自身的合法权益，中国民主法制出版社与人力资源和社会保障部、农业部相关部门合作，就劳动保障和农业中涉及的有关民生问题，组织长期在劳动保障和农业部门工作的专业人员和理论工作者，编写了一套法治民生系列丛书。该丛书共18种。具体包括《民生之本：就业》《职业通衢：职业技能开发与培训》《体面劳动：和谐劳动关系》《劳有所得：企业工资分配》《和谐有方：劳动争议调解仲裁》《维权立盾：劳动保障监察》《老有所养：养老保险》《病有所医：医疗保险》《失有所助：失业保险》《伤有所救：工伤保险》《助益养老：企业年金》《控险之网：社会保险基金监督》《幸福之源：农民增收致富》《合作共赢：农民专业合作社》《困有所助：农村减贫》《自力之路：培育新型农业规模经营主体》《民以食为天：粮食生产与粮食安全》《居有其所：美丽乡村建设》等。

本丛书的最突出特点，一是全面系统。丛书基本涵盖了劳动保障和农业工作中民生方面现行的主要法律法规和政策，同时还介绍了相关基本知识和业务流程。二是针对性和操作性强。丛书采取问题解答式的写作方式，一问一答。问题基本都是实践中遇到的，所有解答既以法律政策为依据，又参考了地方实践经验。三是通俗易懂。作为普及性的读物，丛书力求以通俗易懂的语言解答人们普遍关心的劳动保障和农业领域热点难点民生问题。四是适用性广。丛书的适用人群就是广大关心自己民生权益，希望保护自己权益的劳动者，特别是那些民生权益正在受到损害或曾经受到损害的劳动者。丛书也可以满足从事劳动保障和农业业务的干部职工，帮助他们学习掌握基础理论知识、提升业务工作能力。同时，丛书还为那些关心劳动保障和农业事业的其他部门工作人员、理论工作者、在校学生等广大读者提供了一个全面了解劳动保障和农业相关业务及政策的窗口。希望本丛书能够满足广大读者的需要。

张新民

2016 年 5 月

目　录

第一编　工伤保险基本知识

第二编 参保对象和范围

第三编　工伤保险基金

第四编　工伤认定

第五编 劳动能力鉴定

第六编　工伤保险待遇

第七编 工伤康复

第八编　经办与管理

第一编
工伤保险基本知识

什么是工伤?

工伤亦称职业伤害，是指职工在工作过程中因工作原因而引发的或与之相关的人身伤害，包括事故伤残和职业病以及因这两种情况造成的死亡。上下班途中受到机动车伤害和因工外出期间受到伤害或发生事故下落不明的亦属于工伤。

什么是职业病?

职业病是指企业、事业单位和个体经济组织的劳动者在职业活动中，因接触粉尘、放射性物质和其他有毒、有害物质等因素而引起的疾病。其特征是在有毒、有害的环境下工作所患的疾病。

什么是工伤保险?

工伤保险是社会保险制度的重要组成部分，是指国家和社会为在生产、工作中遭受事故伤害和患职业性疾病的劳动者及其亲属提供医疗救治、生活保障、经济补偿、医疗和职业康复等物质帮助的一种社会保障制度。

为什么要建立工伤保险制度?

工伤所造成的直接后果是伤害到职工生命健康，并由此造成职工及家庭成员的精神痛苦和经济损失，也就是说劳动者的生命健康权、生存权和劳动权受到影响、损害甚至被剥夺。实行工伤保险就是为了保障因工作遭受事故伤害或者患职业病的职工获得医疗救治和经济补偿，促进工伤预防和职业康复，分散用人单位的工伤风险。其主要作用有：

1. 工伤保险作为社会保险制度的一个组成部分，是国家通过立法强制实施的，是国家对职工履行的社会责任，也是职工应该享受的基本权利。工伤保险的实施是人类文明和社会发展的标志和成果。

2. 实行工伤保险制度保障了工伤职工医疗及其基本生活、伤残抚恤和遗属抚恤，在一定程度上解除了职工及其家属的后顾之忧。工伤补偿体现出国家和社会对职工的尊重，有利于提高他们的工作积极性。

3. 建立工伤保险制度有利于促进安全生产，保护和发展社会生产力。工伤保险与生产单位改善劳动条件、防病防伤、安全教育、医疗康复、社会服务等工作紧密相连，对提高生产经营单位和职工的安全生产，防止或减少工伤、职业病，保护职工的身体健康，至关重要。

4. 工伤保险保障受伤害职工的合法权益，有利于妥善处理事故和恢复生产，维护正常的生产、生活秩序，维护社会安定。

工伤保险有哪些基本特点?

工伤保险具有补偿与保障的性质，缴费由用人单位负责。比起其他社会保险项目，其待遇最优厚、保险内容最全面、保险服务最周到，也最易于实现。具体说来，它具有以下几个特点：

1. 强制性。工伤保险是由国家立法强制执行的，在一定范围内的用人单位、职工必须参加。

2. 非营利性。工伤保险是国家对劳动者履行的社会责任，也是劳动者应该享受的基本权利。

3. 保障性。工伤保险是在劳动者发生工伤事故后，对劳动者或其亲属发放的工伤待遇，这种待遇主要用于保障其基本生活。

4. 互助互济性。工伤保险的管理部门通过征收保险费，建立工伤保险基金，由工伤保险管理部门在人员之间、地区之间对保险基金实行再分配、调剂使用。

工伤保险的基本原则是什么？

1. 强制实施的原则。

强制实施的原则是指由国家通过立法手段强制工伤保险制度的实行，对于不按法律规定参加工伤保险的企业，对于不按法定的项目、标准和方式支付待遇，不按法定的标准和时间缴纳保险费的行为，要依法追究法律责任。工伤保险实行强制性原则有两方面原因。

原因之一，普通的劳动者大都以工资收入为主要生活来源。如果遭遇了有损健康和劳动能力的事故以致不能劳动，必将丧失部分或全部工资收入。此外，由于劳动者工资收入有限，缴纳保险费的能力比较低，所以，现在各国实行的工伤保险都由国家统一管理，通过国家立法强制实施，受保人不必承担任何费用。

原因之二，工伤事故具有突发性和不可逆转性，因而其造成的损失也难以挽回，对遭遇工伤事故或患职业病的个人则有可能带来终身痛苦。如果不能保证他们伤残后顺利地得到经济补偿，无异于雪上加霜，必将使其生活陷入困境。

因此，工伤保险必须是强制性的，包括保险费的征收、缴费标准与时间、待遇的构成、计发标准、支付方式与时间等都必须是强制的。否则，就难以保障以工资收入为主要生活来源的劳动者因工伤残后的基本生活。

2. 无责任赔偿原则。

无责任赔偿原则，也称为无过失补偿原则。它是指劳动者在发生工伤事故时，无论事故责任是否属于劳动者本人，受害者均应无条件地得到一定的经济补偿。也就是说，劳动者因工负伤、致残或死亡，即使受害者负有责任，也要给予受害者工伤保险待遇。这是因为，在正常情况下，劳动者不会认为负伤对自己有利而甘愿遭受事故痛苦，而遭受事故伤害的劳动者即使由于个人原因所致，但同时也是职业原因，更何况导致工伤事故的原因很大部分是因为工作原因或者劳动条件不完备、劳动组织不合理等。因工遭受伤害必然给劳动者自身及家属带来痛苦，如果严重致残更会使本人及其家属陷于困境，还会影响其他劳动者的生产情绪，给企业经营活动的正常开展带来不利影响。在这种情况下，若追究工伤劳动者的责任，减少补偿乃至完全中断其经济来源，只会酿成不良的社会后果，既不能体现社会保险的作用，又不利于职工队伍的稳定和社会安定。因此，对为了社会、为了企业而遭受损失的受害者无条件提供补偿是理所应当的。

尽管根据无责任赔偿原则，劳动者负伤致残后有权获得收入补偿，但这类收入是有严格界定的。它指的是实现劳动力再生产所需的直接费用，或者说是劳动者第一职业的工资收入。至于劳动者第一职业外的其他收入项目，虽然在劳动者遭受工伤致残后也会相继失去或减少，但不能予以补偿，其主要原因是这些收入均非实现劳动力再生产所需要的直接费用。此外，无责任赔偿原则并不意味着根本不去追究事故责任。相反，为了防止类似事故的重复出现，必须认真调查事故原因，澄清事故责任，并作出必要的结论。行政责任的追究与无条件地执行工伤经济补偿并不矛盾。这个原则的执行，既能够确保受害者及时地得到法定的生活保障与经济补偿，又简化了工伤处理中落实待遇给付的程序，有利于企业工作的高效性。

3. 个人不缴费原则。

所谓个人不缴费原则，是指无论是直接支付保险待遇或者缴费投保，全部费用由用人单位负担，劳动者个人不缴费。工伤保险费用不实行分担方式，是由工伤保险的补偿性质所决定的。工伤事故属于职业性伤害，对工伤职工而言，这种伤害是在生产劳动过程中为企业创造财富而付的代价；对企业而言，工伤伤害成本是一种制造成本，具有明显的劳动力修复和再生产的特点，是企业生产成本的特殊组成部分。因此，按照国际惯例，工伤保险费不实行职工和企业分担制，而是由企业全部负担。

4. 损失补偿与事故预防及职业康复相结合的原则。

现代工伤保险已不仅仅限于只对工伤职工给予经济补偿，而是把经济补偿、工伤事故预防与职业康复训练紧密地联系起来，以更好地发挥其在维护社会安定、保护和促进生产力发展的积极作用。一方面，工伤保险的社会化管理有利于工伤事故的预防，即劳动安全管理工作形成合理的社会制约机制；待遇给付的社会化可促使劳动者重视自身的工伤保险权利，积极监督企业履行职责，防止以往存在的隐瞒工伤不报的现象，从而促使企业重视事故隐患的治理，防止事故的发生。另一方面，工伤保险基金的建立，也使工伤康复事业在资金来源上有所保证。检验工伤保险改革成果的一个重要内容应该是工伤事故率的下降与否。因此，可以说工伤保险既重赔偿，更重预防，它是为安全生产服务的。探索工伤保险与安全生产紧密结合的机制和途径，是当前我国工伤保险改革的重要课题之一，从单纯的经济补偿向补偿与事故预防及职业康复相结合转变，也是我国工伤保险事业逐步走向成熟的一个显著标志。

强调工伤保险的补偿、预防、康复相结合的原则，同时也是为了避免形成一种错误导向，即企业缴纳了工伤保险费后，发生事故就应由社会保险经办机构支付待遇，企业可以什么都不管了，也就可以放松安全管理。相反，企业即使参加了工伤保险，只要发生了重大事故也要从安全生产管理的角度追究其经济的甚至刑事的责任。因此，要在立法原则上确立工伤保险与工伤预防、职业康复相结合；在费率机制上实行差别费率和浮动费率；在管理上，配合安全监察督促企业和教育职工落实安全生产法律、法规。

工伤保险对社会、国家的作用是什么？

工伤保险保障了受工伤劳动者及其亲属的基本生活需要，防止少数人陷入贫困，也促进了工伤事故的妥善处理，减少了劳动争议，对劳动者起到了保护作用，最终调节社会关系，维护社会稳定。目前，发展经济、发展生产力是我国的首要任务，随着生产领域不断扩展，就业人数不断增加，工伤和职业病有不断增加的趋势。所以，为了保证我国经济的正常发展和社会的稳定，工伤保险应该加以完善。

工伤保险的实施对劳动者的重要意义是什么？

首先，工伤保险保障了劳动者在工作中遭受事故伤害和患职业病后获得医疗救治、经济补偿和职业康复的权利，是维护职工合法权益的必要措施。

其次，工伤保险保障了劳动者发生工伤后，劳动者本人或其亲属在生活发生困难时的基本生活需要，防止受工伤的劳动者及其亲属陷入贫困状况，在一定程度上解除了劳动者及其家属的后顾之忧。

再次，工伤保险保障了受伤害劳动者或其亲属的合法权益，是社会对劳动者所作社会贡献的肯定，有利于增强劳动者的工作积极性。

工伤保险对企业的主要作用是什么？

工伤保险对企业的作用主要体现在以下两方面：

第一，工伤保险保护了企业和雇主，尤其是资金不足的小企业。因为工伤保险具有互助互济的特点，它统一筹措资金，分担风险，所以当企业和雇主，尤其是资金紧张的企业，遇上一个重大的工伤事故需要支付大宗补偿费时，由社会保险机构在社会范围内调剂基金进行支付，将弥补企业资金不足，可以把工伤给企业和雇主带来的风险降到最低。

第二，工伤保险有利于促进企业安全生产。工伤保险通过与改善劳动条件、安全教育、防病防伤宣传、医疗康复等措施相结合，可以增强劳动者的安全意识，减少工伤事故发生，减少企业的经济损失。

什么是意外伤害保险？

意外伤害保险一般属于短期保险，通常以 1 年为期。有的还为特定时间、地点、特种原因所造成的伤害事故提供经济保障，如旅客意外伤害保险、旅游保险、企业家意外伤害保险、特殊工种职工保险等。

意外伤害保险是一种基于自愿原则基础上的社会互助互济事业，是对社会工伤保险的一种补充。工伤保险虽然是国家强制实施、对全体劳动者提供遭受因工伤害后的经济保障的一种制度，但它在保障范围和保障水平上的局限性使得商业性的人身意外伤害保险的补充作用成为可能。这种保险的基本功能，是组织社会广大被保险人的力量，分担少数被保险人及其家庭成员由于发生人身危险而遭受的损失或困难，以解除其后顾之忧，提高工作的积极性，对保证个人、家庭、集体和社会经济生活的安全发挥着重要作用。

工伤保险和人身意外伤害保险的主要区别是什么？

商业保险公司经办的人身意外伤害保险与政府社会保险机构主管的工伤保险具有本质的不同。工伤保险是通过国家立法由社会保障行政部门及其所属的社会保险经办机构负责强制实施的保障制度，而人身意外伤害保险是商业保险公司单纯运用经济补偿手段经营的以营利为目的的商业保险险种。它既不具有工伤保险的强制性、社会性和福利性特征，也不具备工伤保险对保险对象实施的时间长久且内容全面的保障特点。因此，两者在社会生活中的功能差异是十分明显的，决不可相互混淆或相互替代。工伤保险和人身意外伤害保险的主要区别如下：

（一）工伤保险的实施方式是强制实施的，它是工伤保险管理机构依据国家有关法律，强制属于实施对象的企业必须参加的社会保险，不管企业雇主和职工是否愿意。而商业保险公司的人身意外伤害保险的实施方式是自愿的，投保人或被保险人自愿投保，保险人与被保险人双方在自愿的基础上签订保险合同，并遵循契约自由的原则，即自愿投保，并可以中途变更保险公司。

（二）工伤保险是由国家授权的劳动部门或者工伤保险机构管理，保险的权利义务关系属于社会保险法律、法规的调整范畴；人身意外伤害保险，则是由金融系统的商业保险公司管理，保险的权利义务关系属于合同的调整范畴。可见，工伤保险是一种政府行为，而人身意外伤害保险是一种商业行为，它的最终目的是获取最大经济利润。

世界上最早通过立法建立工伤保险制度是哪个国家？

德国是世界上最早通过立法建立社会保障制度的国家。1883 年，德国颁布了《疾病社会保险法》，对工资劳动者实行强制疾病保险，费用由雇主承担 30%，雇工承担 70%。1884 年，德国又颁布《工伤事故保险法》，推行费用全部由雇主承担的工伤保险制度。主要内容有三项：一是预防。通过采取一切有效手段预防事故和控制职业病，保障劳动者在工作中免遭伤害。二是康复。如果发生工伤事故，须采取一切适当措施，为受伤人员提供医疗服务，使其身体康复，并恢复其工作和社会活动。三是现金补偿。为受伤人员及其抚养的家属，提供现金补偿费。

不论是发达国家还是发展中国家，不管其政治、经济和社会背景有什么不同，大都在不同程度上实行了工伤保险制度，以适应社会和人们的需求。自 1884 年德国第一个建立工伤保险制度以来，世界上已有 160 多个国家和地区实行了这一保险制度。各国的工伤保险制度有许多共同点，也存在一些差异。国际劳工组织先后通过的 12 个关于工伤保险的公约和建议书，也为推进世界各国工伤保险制度的发展发挥了重要作用。

我国的工伤保险制度是何时建立的？

在我国，工伤保险立法始于 20 世纪 50 年代初。1951 年 2 月，政务院公布了《中华人民共和国劳动保险条例》（于 1953 年 1 月重新修订）。这部劳动保险综合法规对各项劳动保险待遇作出了明确的规定，并将工伤保险列在各项保险项目之首。

根据劳动保险条例的规定，当时工伤保险的实施范围主要是国营、公私合营、私营及合作社经营的厂矿，以及铁路、运输、邮电、工矿、交通事业和国营建筑公司等；实施对象包括了上述企业职工、学徒工、临时工和试用人员。该条例对工伤保险的制度框架作出原则性的规定。例如：在保险费的征缴方面，确立了雇主责任原则；在工伤保险待遇给付方式方面，确立了劳动保险基金与雇主分担责任的原则；在工伤待遇方面，确定了包括医疗和康复待遇、伤残待遇和死亡待遇三大部分，并确立了收入保障与就业保障相结合的原则。

我国工伤保险制度经历了哪些发展和改革历程？

在我国，工伤保险立法始于 20 世纪 50 年代初。此后，随着我国经济、社会的发展和经济体制、经济结构的改变，工伤保险制度经历了逐步发展和改革的过程。大致可分为首次立法及其适用时期（20 世纪 50—80 年代）、改革探索时期（20 世纪 90 年代）和重大发展时期（进入 21 世纪以来）三个阶段。

（一）首次立法及其适用时期（20 世纪 50—80 年代）

1951 年 2 月，政务院公布了《中华人民共和国劳动保险条例》。该条例对工伤保险的制度框架、实施对象、保险费的征缴、待遇给付方式、工伤待遇等方面作出了原则性的规定。

1953 年 1 月，劳动部制定了《劳动保险条例实施细则》，其中对工伤保险等问题作了较为详细的规定。此后，国务院及劳动部、卫生部等主管部门又多次就我国工伤保险的实施做了补充规定。

劳动保险条例是在我国国民经济恢复时期和社会主义改造时期制定的一部保护劳动者权益的行政法规。该条例的实施对于保障企业工伤职工权益、安定社会和促进经济发展起了积极作用。但是，这一制度也存在诸多不足或较大的缺陷，诸如工伤认定范围过窄且不规范，待遇标准偏低而不符合基本保障和补偿的要求，伤残等级鉴定缺乏统一标准和鉴定机构不健全，缺乏工伤补偿与工伤预防和职业康复的有机结合，等等。

自 1966 年开始的“文化大革命”，使已经平稳运行了 15 年的社会保险体系受到政治冲击而崩溃。工伤保险制度也进入了非正常时期。“文化大革命”打破了企业正常的缴费机制，原有的社会保险制度无法正常运转。

（二）工伤保险制度改革探索时期（20 世纪 90 年代）

改革开放以后，尤其在经济结构向市场经济体制转型的过程中，经济体制、劳动工资、用人制度、生活水平等发生了巨大的变化。原有的工伤补偿制度覆盖范围窄、缺乏社会互济和分散风险功能、工伤认定标准模糊、缺乏降低工伤事故发生率的有效手段、不利于劳动力合理流动等的弊端也日益显露，难以适应社会和经济发展的要求。建立社会化的工伤保险制度已势在必行。

进入 90 年代，我国逐步确立了建立社会主义市场经济体制的改革目标，经过前十年的改革，我国经济结构和社会结构已经发生重大的改变。随着经济和社会形势的发展变化，建立与完善劳动和社会保障立法的任务便提上了议事日程。1996 年 8 月，在总结各地试点经验的基础上，劳动部发布了《企业职工工伤保险试行办法》。同年 3 月，国家技术监督局颁布了《职工工伤与职业病致残程度鉴定》（GB/T16180—1996）。这标志着对沿用多年的旧的工伤保险制度全面改革开始了。

《企业职工工伤保险试行办法》在我国首次把工伤预防、工伤康复和工伤补偿三项工伤保险的任务结合起来，明确了我国工伤保险制度的主要任务：其一，实行社会统筹，变“企业保险”为社会保险，分散工伤事故风险，使企业处于平等竞争的地位。其二，扩大实施范围，突破“全民执行、集体参照”的局限，把工伤保险覆盖面扩大到各类企业及全体职工。其三，规范待遇项目和标准，使工伤处理有所遵循，维护有关各方当事人的权益，减少工伤争议。其四，实行工伤保险与安全生产相结合的原则，建立工伤预防机制，其中最重要的手段是实行行业差别费率和企业浮动费率。工伤保险改革的这些重要突破，为工伤保险事业的发展注入了新的活力。

（三）工伤保险制度的重大发展时期（进入 21 世纪以来）

进入 21 世纪以来，国家为保障劳动者的权益，加快了职业伤害保障方面的立法步伐，发布了一系列重要的法律、法规和规章。在安全生产方面，主要有《中华人民共和国安全生产法》（2002 年制定，2014 年修改）、《国务院关于特大安全事故行政责任追究的规定》（2001 年）、《危险化学品安全管理条例》（2002 年制定，2011 年、2013 年两次修改）、《使用有毒物品作业场所劳动保护条例》（2002 年制定），以及铁路运输、民用航空等特定领域安全生产方面的条例。在职业病防治方面，主要有《中华人民共和国职业病防治法》（2001 年制定，2011 年修改），以及《职业病诊断与鉴定管理办法》、《职业健康监护管理办法》、《职业病危害事故调查处理办法》、《职业病危害因素分类目录》、《第一批国家职业卫生标准》和《职业病分类目录》等一系列行政规章和标准。在《职业病分类目录》中，我国法定职业病由原来的 9 类 99 种增加到 10 类 115 种。我国职业安全与卫生保障法律框架已初步形成。

2001 年 9 月，原劳动保障部根据国务院的立法计划，起草了《工伤保险条例（送审稿）》呈送国务院。2003 年 4 月，国务院通过了《工伤保险条例》，并以国务院令第 375 号发布，自

2004 年 1 月 1 日起施行。国务院各有关部门还制定发布了《工伤保险条例》的若干配套规章或政策文件，各地方结合当地的实际情况制定了相应的地方性法规。

《工伤保险条例》是在总结我国建立劳动保护制度几十年以来的实践经验，特别是贯彻《企业职工工伤保险试行办法》若干年来的经验基础上，从经济结构和就业形式多样化变动的现实状况出发，参照有关国际法和国际通行准则，制定的一部规范职业伤害保险关系的行政法规。《工伤保险条例》提高了工伤保险的立法层次，增强了强制力和约束力；扩大了适用范围，将境内各类企业和有雇工的个体工商户纳入其中；把以往一些行之有效的政策措施以法规的形式固定下来；明确了用人单位和职工的责任，科学地规范了相关的标准和工作程序。《工伤保险条例》的颁布，是我国社会保障法制化进程中具有里程碑意义的大事，标志着工伤保险制度改革进入了一个崭新的发展阶段，对于保障职工权益、促进安全生产、维护社会稳定具有重要作用。

随着我国社会经济的快速发展，现行的工伤保险制度也显现出覆盖范围不够广、保障水平不够高、保障功能较为单一等不足，需要加以修改完善。为此，2006 年启动了条例修订工作。在修订过程中，多次征求了地方政府、有关部门的意见，听取了有关专家的建议，并于 2009 年 7 月向社会各界公开征求意见。2010 年 12 月 20 日，国务院发布《关于修改〈工伤保险条例〉的决定》（国务院令第 586 号）。修订后的《工伤保险条例》于 2011 年 1 月 1 日起施行。新条例作为《中华人民共和国社会保险法》的重要配套法规，对于进一步保障工伤职工合法权益，分散用人单位工伤风险，促进工伤保险制度的完善具有重要意义。

为什么要制定《工伤保险条例》？

工伤保险作为一种世界上出现最早的社会保险，它不但可以保障劳动者在工作中遭受事故伤害和患职业病后获得医疗救治和职业康复，也可以为企业解除后顾之忧。1996 年 8 月 12 日，原劳动部颁布了《企业职工工伤保险试行办法》，自 1996 年 10 月 1 日起试行。这一办法对企业职工的工伤保险进行了规范，不但从客观上缓解了社会、企业和职工在工伤方面的风险压力，而且对于加强安全生产，提高全社会工伤风险防范意识也起到了重要作用。为了更好地推动我国工伤保险事业的发展，国务院在原有办法的基础上制定《工伤保险条例》，主要基于以下考虑：一是将工伤保险的立法由部门规章上升为国务院行政法规，体现国家对于工伤保险的重视；二是原办法中的许多规定，在其他法律、法规中已有规定的，予以删除；三是随着社会对工伤保险需求的增加，原有规定已不适应新形势发展要求。为了保障我国境内各类企业和个体工商户的职工因工作遭受事故伤害或者患职业病获得医疗救治和经济补偿，促进工伤预防和职业康复，分散用人单位的工伤风险，国务院于 2003 年 4 月 27 日公布了《工伤保险条例》，2010 年又进行了修订。

《中华人民共和国社会保险法》对工伤保险作出了哪些规定？

2010 年 10 月 28 日，《中华人民共和国社会保险法》由十一届全国人大常委会第十七次会议审议通过，自 2011 年 7 月 1 日起施行。《中华人民共和国社会保险法》是中国特色社会主义法律体系中起支架作用的重要法律，是一部着力保障和改善民生的法律。它的颁布实施，是我国人力资源社会保障法治建设中的又一个里程碑，对于建立覆盖城乡居民的社会保障体系，更好地维护公民参加社会保险和享受社会保险待遇的合法权益，使公民共享发展成果，促进社会主义和谐社会建设，具有十分重要的意义。社会保险法在《工伤保险条例》规定的工伤保险待遇基础上，又有三项突破：

第一，将现行规定由用人单位支付的工伤职工“住院伙食补助费”、“到统筹地区以外就医的交通食宿费”和“终止或者解除劳动合同时应当享受的一次性医疗补助金”改为由工伤保险基金支付，在进一步保障工伤职工权益的同时，减轻了参保用人单位的负担。

第二，为保证工伤职工得到及时救治，该法规定了工伤保险待遇垫付追偿制度，即职工所在用人单位未依法缴纳工伤保险费，发生工伤事故的，由用人单位支付工伤保险待遇。用人单位不支付的，从工伤保险基金中先行支付，然后由社会保险经办机构依照本法规定追偿。

第三，由于第三人的原因造成工伤，第三人不支付工伤医疗费用或者无法确定第三人的，由工伤保险基金先行支付后，向第三人追偿。

为什么要修订《工伤保险条例》?

2003 年 4 月 27 日，国务院第 375 号令颁布了《工伤保险条例》，并于 2004 年 1 月 1 日正式实施。实践表明，《工伤保险条例》在促进用人单位参加工伤保险，维护工伤职工合法权益，分散用人单位工伤风险，维护社会和谐稳定方面发挥了重要作用。截至 2010 年 11 月底，全国参加工伤保险职工人数超过 1.61 亿，比 2003 年底的 4575 万人增加了 1.15 亿人，增长了 2.5 倍，全面实施了农民工参保的“平安计划”，农民工参保达到 6276 万人。到 2009 年底，全国累计有 1000 多万人次享受了工伤医疗待遇，有 400 多万人享受了工伤津贴、抚恤等待遇。

工伤保险受到了广大职工群众和用人单位的普遍欢迎。

随着我国社会经济的快速发展，现行的工伤保险制度也显现出覆盖范围不够广、保障水平不够高、保障功能较为单一等方面的不足，需要加以修改完善。为此，2006 年启动了条例修订工作。在修订过程中，多次征求了地方政府、有关部门的意见，听取了有关专家的建议，并于 2009 年 7 月向社会各界公开征求意见。条例修订工作历经 4 年多的时间，在修改过程中吸收了各方面的合理意见，新条例是社会各方面智慧的结晶，是科学、民主决策的成果。

新的《工伤保险条例》的颁布实施有以下几项重要意义：

（一）新条例的颁布实施，是深入贯彻落实以人为本的科学发展观的内在要求。新条例在调整扩大工伤保险适用范围和工伤认定范围、简化工伤认定程序、提高工伤待遇水平、增强参保强制性等方面进行了修订和完善，使我国的工伤保险制度能够惠及更多的职业人群，使广大职工能够分享改革发展的成果。这充分体现了科学发展观的内在要求，体现了发展为了人民、发展依靠人民、发展成果由人民共享的以人为本的理念。新条例的颁布实施，必将更好地保护劳动者及用人单位的合法权益，进一步推动形成和谐的劳动关系，促进构建社会主义和谐社会。

（二）新条例的颁布实施，是贯彻实施《中华人民共和国社会保险法》的重要内容。《中华人民共和国社会保险法》确立了我国社会保障体系建设的总体框架、基本方针、基本原则和基本制度，并对工伤保险作出了明确的规定，为工伤保险制度的完善和发展指明了方向。新条例对《中华人民共和国社会保险法》有关规定进行了细化，使工伤保险的惠民政策更具有可操作性，对推进《中华人民共和国社会保险法》的贯彻实施具有重要的作用。

（三）新条例的颁布实施，是完善工伤保险制度功能的重大举措。新条例对工伤预防、工伤康复费用作出了制度安排，使工伤预防、工伤补偿、工伤康复三位一体的制度框架最终形成，从而使我国的工伤保险制度在注重工伤补偿的同时，强化了事前的积极预防和事后的职业康复，对从根本上保障职工权益具有重要意义。

（四）新条例的颁布实施，是工伤保险事业发展的新机遇。新条例的颁布实施，拓宽了工伤保险制度的发展空间，为工伤保险制度的进一步完善提供了新的机遇；填补了事业单位等人员参保的制度空白，并提高了参保的强制性，为工伤保险的参保扩面工作提供了新的机遇；出台了简化程序、方便职工的新规定，为工伤保险工作进一步规范管理、便民利民、提高效率提供了新的机遇。

《工伤保险条例》修订的主要内容是什么？

新条例主要在以下几个方面作出了新的规定：

（一）扩大了工伤保险适用范围。新条例规定，除现行规定的企业和有雇工的个体工商户以外，事业单位、社会团体，以及民办非企业单位、基金会、律师事务所、会计师事务所等组织应当依照规定参加工伤保险。这一规定进一步扩大了工伤保险制度覆盖的职业人群，有利于发挥社会保险的大数法则优势，有利于保障这些职业人群的工伤保险权益。

（二）调整扩大了工伤认定范围。新条例规定，职工在上下班途中，受到非本人主要责任的交通事故或者城市轨道交通、客运轮渡、火车事故伤害的，应当认定为工伤。这样规定，将上下班途中的工伤认定范围由原来的机动车事故伤害扩大到机动车、非机动车的交通事故和城市轨道交通、客运轮渡和火车事故伤害，惠及了更多的职工群众，既体现了公平原则，也符合实践发展。同时，限定上下班途中“非本人主要责任”的交通事故伤害才能认定为工伤，对上下班途中本人承担主要责任的交通事故，如无证驾驶、酒后驾车等行为造成本人伤亡的，不纳入工伤的范围，这样规定有利于提示和引导职工群众注意上下班途中的交通安全。

（三）简化了工伤认定程序。新条例规定，对事实清楚、权利义务明确的工伤认定申请，应当在 15 日内作出工伤认定的决定。新条例取消了工伤认定争议中的行政复议前置程序，缩短了争议处理的程序和时间，有利于保护工伤职工的合法权益。

（四）大幅度提高了工伤保险待遇。新条例将一次性工亡补助金的标准调整为上一年度全国城镇居民人均可支配收入的 20 倍，一次性伤残补助金按照伤残级别增加 1 至 3 个月职工本人工资。上述调整，大幅度提高了工伤职工的待遇，对保障工伤职工的基本生活，提高工伤职工及其供养亲属的保障水平，有着十分现实的意义。

（五）增加了基金支出项目。新条例借鉴了国际经验和我国部分地区的实践做法，明确了将工伤预防的宣传、培训等费用纳入基金支付的规定，并且授权人力资源和社会保障部会同财政、卫生和安全生产监督管理等部门制定工伤预防费的提取比例、使用和管理办法。还将原由用人单位支付的工伤职工“住院伙食补助费”、“统筹地区以外就医的交通食宿费”以及“终止或解除劳动关系时的一次性医疗补助金”，改由工伤保险基金统一支付。进一步规范统一了工伤职工的待遇标准，保证了工伤职工待遇的及时发放，同时减轻了参保用人单位的负担，提高了企业参加工伤保险的积极性。

（六）加大了强制力度。新条例增加了行政复议和行政诉讼期间不停止支付工伤职工治疗工伤的医疗费用的新规定，使工伤职工能够得到及时救治，也可以从制度上遏制部分用人单位恶意诉讼。同时增加了对不参加工伤保险和拒不协助工伤认定调查核实的用人单位的行政处罚规定。对应当参加工伤保险而未参加的，先是要求补缴应当缴纳的工伤保险费并按日加收滞纳金；逾期仍不缴纳的，处以欠缴数额一倍以上三倍以下的罚款。这些规定，提高了工伤保险的强制力度。

此外，新条例对方便用人单位参保、再次和复查鉴定期限等内容也作出了具体规定。

哪个部门负责工伤保险行政管理工作？

《工伤保险条例》依据部门分工，对工伤保险行政管理工作作出了以下规定：

国务院社会保险行政部门负责全国的工伤保险工作。

县级以上地方各级人民政府社会保险行政部门负责本行政区域内的工伤保险工作。

社会保险行政部门按照国务院有关规定设立的社会保险经办机构具体承办工伤保险事务。

工伤保险工作机构是如何设置和分工的？

按照《工伤保险条例》的要求，工伤保险工作机构分为工伤认定、劳动能力鉴定、经办机构三个工作机构，形成整个工伤保险管理体系。工伤认定设在劳动和社会保障行政部门，负责行政区域内所有单位的工伤认定工作；劳动能力鉴定委员会是一个独立的专业技术鉴定机构，只在省和设区的市级设立，负责劳动能力的技术鉴定工作；经办机构设在各级社会保险经办机构，负责管辖区域内的工伤保险业务经办和基金管理工作。

单位或个人与社会保险行政部门及经办机构存在争议的应如何解决？

有下列情形之一的，有关单位或者个人可以依法申请行政复议，也可以依法向人民法院提起行政诉讼：

（一）申请工伤认定的职工或者其近亲属、该职工所在单位对工伤认定申请不予受理的决定不服的；

（二）申请工伤认定的职工或者其近亲属、该职工所在单位对工伤认定结论不服的；

（三）用人单位对经办机构确定的单位缴费费率不服的；

（四）签订服务协议的医疗机构、辅助器具配置机构认为经办机构未履行有关协议或者规定的；

（五）工伤职工或者其近亲属对经办机构核定的工伤保险待遇有异议的。

第二编
参保对象和范围

工伤保险的适用范围有哪些?

按照《工伤保险条例》第二条规定:“中华人民共和国境内的企业、事业单位、社会团体、民办非企业单位、基金会、律师事务所、会计师事务所等组织和有雇工的个体工商户(以下称用人单位)应当依照本条例规定参加工伤保险,为本单位全部职工或者雇工(以下称职工)缴纳工伤保险费。”

《工伤保险条例》第二条还规定,中华人民共和国境内的企业、事业单位、社会团体、民办非企业单位、基金会、律师事务所、会计师事务所等组织的职工和个体工商户的雇工,均有依照本条例的规定享受工伤保险待遇的权利。

工伤保险制度中的企业包括哪些?

工伤保险制度中的企业,包括在中国境内的所有形式的企业,按照所有制划分,有国有企业、集体企业、私营企业、外资企业;按照所在地域划分,有城镇企业和乡镇企业、境内企业和境外企业;按照企业的组织结构划分,有公司企业、合伙企业、个人独资企业等。

事业单位如何参加工伤保险?

按照《工伤保险条例》,事业单位要参加工伤保险。人力资源和社会保障部、财政部《关于进一步做好事业单位等参加工伤保险工作有关问题的通知》(人社部发〔2012〕67号)进一步规定,事业单位按照《中华人民共和国社会保险法》、《工伤保险条例》的规定,依照属地管理原则,参加统筹地区的工伤保险，并按时足额缴纳工伤保险费。

需要提醒的是，参照公务员法管理的事业单位不参加工伤保险，其工作人员因工作遭受事故伤害或者患职业病的，由所在单位支付费用。

工伤保险制度中的民办非企业单位指的是什么样的单位？

按照《民办非企业单位登记管理暂行条例》的规定，民办非企业单位是指企业事业单位、社会团体和其他社会力量以及公民个人利用非国有资产举办的，从事非营利性社会服务活动的社会组织。从这个定义可以看出，民办非企业单位具有以下几个特征：

（一）民办非企业单位是由企业事业单位、社会团体和其他社会力量以及公民个人举办的，而不是由政府或者政府部门举办的。其中，企业包括所有以营利为目的的、在工商管理机关登记注册的公司企业、合伙企业、独资企业等各类企业；事业单位是指国家为了社会公益目的，由国家机关举办或者其他组织利用国有资产举办的，从事教育、科技、文化、卫生等活动的社会服务组织；社会团体是指由公民自愿组成，为实现会员的共同愿望，依法成立并按照其章程开展活动的非营利性社会组织。

（二）民办非企业单位是利用非国有资产举办的，这是民办非企业单位与事业单位的一个重要区别。国有资产是指所有权属于国家的一切财产形式，而非国有资产是指国有资产以外的其他财产形式，可以是个人财产、集体所有财产，也可以是国外的财产。

（三）民办非企业单位提供的服务是非营利性的，这是其与企业的重要区别。民办非企业单位提供的服务具有社会公益事业的特点，其宗旨是为了社会的公共利益和促进社会的进步，这一性质体现在民办非企业单位的目的和宗旨上，也体现在其财务管理与财产分配体制上。民办非企业单位的盈余与清算后的剩余财产只能用于社会公益事业，不得在成员中分配。

（四）民办非企业单位的社会服务领域很广，而且还在扩大。目前，民办非企业单位主要分布在教育、科研、文化、卫生、体育、新闻出版、交通、信息咨询、知识产权、法律服务、社会福利事业、经济监督等领域。其中，教育事业领域的民办非企业单位主要是指民办幼儿园，民办小学、中学、学院，民办培训中心等；卫生事业主要是指民办门诊部（所）、医院，民办康复、保健、卫生、疗养院（所）等；文化事业领域的民办非企业单位主要是指民办图书馆、博物馆、艺术馆、书画院、演出团体等；科研事业领域的民办非企业单位主要是指民办科研院所、研究中心、科技馆等；体育事业领域的民办非企业单位主要是指民办体育场馆、中心、俱乐部等；劳动保障事业领域的民办非企业单位是指民办职业培训学校或者中心、民办职业介绍所等；民政事业领域的民办非企业单位是指民办福利院、敬老院、老年福利机构，民办婚姻介绍所、民办社区服务中心（站）等；法律服务事业领域的民办非企业单位主要是指民办法律事务所、法律援助中心，合作、合伙律师事务所等。

民办非企业单位，在性质和工伤风险等方面与不依照或者参照公务员进行人事管理的事业单位、社会团体接近，为体现市场主体待遇平等的思想，2010 年新修订的《工伤保险条例》将这些单位全部纳入工伤保险范围。

工伤保险制度中的社会团体指的是哪些单位？

按照国务院颁布的《社会团体登记管理条例》的规定，社会团体指的是由中国公民自愿组成的，为实现会员共同意愿，按照其章程开展活动的非营利性社会组织。

社会团体的情况比较复杂，有的按公务员法管理，有的实行劳动合同制度。社会团体的名称主要有协会、学会、联合会、研究会、基金会、联谊会、促进会、商会等。

根据《工伤保险条例》第六十五条的规定，部分社会团体实行与机关一样的工伤保险制度，即不参加工伤保险。这部分依照或者参照公务员制度进行管理的社会团体包括两类：一是参加中国人民政治协商会议的人民团体；二是由国务院机构编制管理机关核定，并经国务院批准的团体，如工会、共青团、妇联等。

什么是基金会?

基金会是依法成立的，对国内外社会团体和其他组织以及个人自愿捐赠资金进行管理的民间非营利性组织，是社会团体法人。基金会分为面向公众募捐的基金会和不得面向公众募捐的基金会。公募基金会按照募捐的地域范围，分为全国性公募基金会和地方性公募基金会。

建立基金会，必须具备下列条件：（一）为特定的公益目的而设立；（二）全国性公募基金会的原始基金不低于800万元人民币，地方性公募基金会的原始基金不低于400万元人民币，非公募基金会的原始基金不低于200万元人民币；原始基金必须为到账货币资金；（三）有规范的名称、章程、组织机构以及与其开展活动相适应的专职工作人员；（四）有固定的住所；（五）能够独立承担民事责任。

什么是律师事务所?

律师事务所，是律师执行职务的工作机构。目前，有属于国家事业单位的律师事务所，有合伙制律师事务所，也有律师个人合作开办的合作制律师事务所。律师事务所在组织上受司法行政机关和律师协会的监督和管理。

律师事务所在规定的专业活动范围内，接受中外当事人的委托，提供各种法律服务；负责具体分配和指导所属律师的业务工作。

根据需要，经司法部批准，可设立专业性的律师事务所，有条件的律师事务所可按专业分工的原则在内部设置若干业务组。律师事务所原则上设在县、市、市辖区，各律师事务所之间没有隶属关系。

根据《中华人民共和国律师法》第十四条规定，律师事务所是律师的执业机构。设立律师事务所应当具备下列条件：（一）有自己的名称、住所和章程；（二）有符合本法规定的律师；（三）设立人应当是具有一定的执业经历，且三年内未受过停止执业处罚的律师；（四）有符合国务院司法行政部门规定数额的资产。

什么是会计师事务所?

会计师事务所是指依法独立承担注册会计师业务的中介服务机构，是由有一定会计专业水平、经考核取得证书的会计师（如中国的注册会计师、美国的执业会计师、英国的特许会计师等）组成的、受当事人委托承办有关审计、会计、咨询、税务等方面业务的组织。在我国可分为有限责任公司、合伙制两种形式。

什么是个体工商户?

个体工商户，是指有经营能力并依照《个体工商户条例》

的规定经工商行政管理部门登记，从事工商业经营的公民。《个体工商户条例》第二条第一款规定："有经营能力的公民，依照本条例规定经工商行政管理部门登记，从事工商业经营的，为个体工商户。"

需要强调的是，就工伤保险而言，适用的对象是"有雇工的个体工商户"。我国的个体工商户在近些年有了很大的发展。全国有个体工商户几千万家，从业人员超过数千万。个体工商户的发展各地很不平衡，劳动用工制度也很不完善。虽然个体工商户中的工伤风险程度不同，但从社会保险的公平性出发，对这部分人群也需要予以保护。因此，《工伤保险条例》规定，有雇工的个体工商户应当参加工伤保险，由雇主为其雇员缴纳工伤保险费。

也就是说，《工伤保险条例》要求有雇工的个体工商户才缴费参加工伤保险，对没有雇工的个体工商户，如个体户业主本人或者开"夫妻店"的并未作强制性的要求。而对"雇工"的含义，应作较广的理解，只要是雇主使用了人员、支付了劳动报酬，就应当视为有雇工，无论雇工是否雇主的亲戚或者邻居。

公务员的工伤保险是怎么规定的？为什么？

《工伤保险条例》第六十五条规定，公务员和参照公务员法管理的事业单位、社会团体的工作人员因工作遭受事故伤害或者患职业病的，由所在单位支付费用。具体办法由国务院社会保险行政部门会同国务院财政部门规定。

由于国家机关的特殊性，尤其是国家机关的经费完全由财政拨款，以及在国家机关发生工伤事故或者患职业病的概率较低，因此，世界上建立起工伤保险制度的国家，也大多建立单独的国家机关工伤保险体系。《工伤保险条例》参照了世界上的通行做法，不要求国家机关参加工伤保险，但国家机关也需要参照条例规定建立对工作人员的工伤补偿制度，其费用由财政解决。

《工伤保险条例》中的职工包括哪些人？

《工伤保险条例》所称的职工，是指与用人单位存在劳动关系的各种用工形式、各种用工期限的职工，包括用人单位的全部用工，而不仅仅指所谓的“正式工”（即个人档案、人事关系放在企业的职工）。人们经常提到的与所谓的“正式工”相对应的“临时工”，以及所谓的农民工，乃至个体工商户的雇工，都包括在《工伤保险条例》所称的职工的范围之内。

内退职工是否参加工伤保险？

《工伤保险条例》第二条规定，中华人民共和国境内的各类企业，应当依照本条例规定参加工伤保险，为本单位全部职工缴纳工伤保险费。因此，各类企业办理工伤保险参保手续时，必须整体性参保，将全部职工纳入参保范围，不得将内退等职工剔除，搞有选择性的参保。内退职工仍与原单位保留着劳动关系，属于单位在职职工，原单位必须将其纳入工伤保险参保范围，并为其缴纳工伤保险费。

职工在多个用人单位同时就业如何参保？

职工在两个或两个以上用人单位同时就业的，各用人单位应当分别为其缴纳工伤保险费。职工发生工伤时，由职工受到伤害时工作的单位依法承担工伤保险责任。

用人单位是否可以不给农民工参加工伤保险？

不可以。按照《工伤保险条例》的规定，用人单位应该为本单位所有职工，包括农民工，参加工伤保险。《关于农民工参加工伤保险有关问题的通知》（劳社部发〔2004〕18号）指出，农民工参加工伤保险、依法享受工伤保险待遇是《工伤保险条例》赋予包括农民工在内的各类用人单位职工的基本权益，各类用人单位招用的农民工均有享受工伤保险待遇的权利。各地要将农民工参加工伤保险，作为工伤保险扩面的重要工作，明确任务，抓好落实。凡是与用人单位建立劳动关系的农民工，用人单位必须及时为他们办理参加工伤保险的手续。对用人单位为农民工先行办理工伤保险的，各地经办机构应予办理。要重点推进建筑、矿山等工伤风险较大、职业危害较重行业的农民工参加工伤保险。

注册地与生产经营地不在同一统筹地区的用人单位的农民工如何参保？

《关于农民工参加工伤保险有关问题的通知》（劳社部发〔2014〕18号）指出，用人单位注册地与生产经营地不在同一统筹地区的，原则上在注册地参加工伤保险。未在注册地参加工伤保险的，在生产经营地参加工伤保险。

什么是按项目参加工伤保险？

按项目参加工伤保险，就是以建设项目为单位参加工伤保险。这是近年国家推出的一项工伤保险的新措施，其核心是，对不能按用人单位参保、建设项目使用的建筑施工企业从业人员特别是农民工，按建设项目参加当地工伤保险。这项措施主要是为扩展建筑企业工伤保险参保覆盖面，保护建筑行业职工，特别是农民工的工伤保险权益。

人力资源和社会保障部、住房城乡建设部、安全监管总局、全国总工会联合下发的《关于进一步做好建筑业工伤保险工作的意见》（人社部发〔2014〕103号）指出，改革开放以来，我国建筑业蓬勃发展，建筑业职工队伍不断发展壮大，为经济社会发展和人民安居乐业作出了重大贡献。建筑业属于工伤风险较高行业，又是农民工集中的行业。为维护建筑业职工特别是农民工的工伤保障权益，国家先后出台了一系列法律、法规和政策，各地区、各有关部门积极采取措施，加强建筑施工安全生产制度建设和监督检查，大力推进建筑施工企业依法参加工伤保险，使建筑业职工工伤权益保障工作不断得到加强。但目前仍存在部分建筑施工企业安全管理制度不落实、工伤保险参保覆盖率低、一线建筑工人特别是农民工工伤维权能力弱、工伤待遇落实难等问题。

意见提出，为贯彻落实党中央、国务院关于切实保障和改善民生的要求，依据社会保险法、建筑法、安全生产法、职业病防治法和《工伤保险条例》等法律、法规规定，切实维护建筑业职工工伤保障权益，应不断完善符合建筑业特点的工伤保险参保政策，大力扩展建筑企业工伤保险参保覆盖面。建筑施工企业应依法参加工伤保险。针对建筑行业的特点，建筑施工企业对相对固定的职工，应按用人单位参加工伤保险；对不能按用人单位参保、建筑项目使用的建筑业职工特别是农民工，按建设项目参加工伤保险。房屋建筑和市政基础设施工程实行以建设项目为单位参加工伤保险的，可在各项社会保险中优先办理参加工伤保险手续。建设单位在办理施工许可手续时，应当提交建设项目工伤保险参保证明，作为保证工程安全施工的具体措施之一；安全施工措施未落实的项目，各地住房城乡建设主管部门不予核发施工许可证。

所有建筑企业的职工都实行按项目参加工伤保险吗？

不是的。按照人力资源和社会保障部、住房城乡建设部、安全监管总局、全国总工会联合发布的《关于进一步做好建筑业工伤保险工作的意见》（人社部发〔2014〕103号）的精神，建筑施工企业对相对固定的职工，应按用人单位参加工伤保险。所谓相对固定的职工，就是指与企业签订了较长期劳动合同、流动性不大的职工。

按项目参保如何确定工伤保险参保期限？

参保期限自项目参保之日起生效，至工程实际竣工验收合格之日时终止。

劳务派遣工如何参加工伤保险？

按照《中华人民共和国劳动合同法》的规定，劳务派遣单位是用人单位，所以劳务派遣单位应该为被派遣劳动者参加包括工伤保险在内的各项社会保险。

此外，《劳务派遣暂行规定》明确规定，劳务派遣单位跨地区派遣劳动者的，应当在用工单位所在地为被派遣劳动者参加社会保险，按照用工单位所在地的规定缴纳社会保险费，被派遣劳动者按照国家规定享受社会保险待遇。

中央企业如何参加工伤保险？

按照有关规定，中央企业应按照属地管理原则参加工伤保险，按照所在地统筹地区人民政府确定的行业工伤保险费率，参加所在统筹地区的工伤保险社会统筹，按时缴纳工伤保险费。跨地区、流动性大的中央企业，可以采取相对集中的方式异地参加统筹地区的工伤保险。

同时，中央企业要认真贯彻落实《国务院关于解决农民工问题的若干意见》（国发〔2006〕5号）的精神，为包括农民工在内的全部职工办理工伤保险手续。对以劳务派遣等形式使用的农民工，也要采用有效办法保障其参加工伤保险权益。对于建筑施工等农民工集中、流动性较大行业的中央企业，要按照有关文件要求，制定符合行业特点的农民工参保办法，如以建筑施工项目为单位参保，实现施工项目使用的农民工全员参保，切实保障农民工工伤保险权益。

参加工伤保险后用人单位的义务是什么？

参加工伤保险后用人单位有下列义务：

（一）到工伤保险经办机构为本单位全部职工缴纳工伤保险。

（二）遵守有关安全生产和职业病防治的法律、法规，预防工伤事故发生，减少和避免职业病的危害。

（三）发生工伤时，采取措施使工伤职工得到及时救治。

（四）履行工伤认定申请和劳动能力鉴定申请的义务。

（五）支付按规定应由单位支付的有关费用和工伤职工待遇，如与工伤职工终止劳动关系后的一次性伤残就业补助金。

（六）协助劳动保障行政部门对事故进行调查核实。

参加工伤保险后职工的权利是什么？

（一）按工伤保险条例规定享受工伤保险待遇的权利。

（二）提出工伤认定申请和劳动能力鉴定的权利。

（三）举报监督的权利。

（四）对工伤认定受理或者工伤认定决定不服的，有依法提出行政复议申请或提起行政诉讼的权利。

用人单位应参加而未参加工伤保险的应承担什么责任？

《工伤保险条例》第六十二条规定，用人单位依照本条例规定应当参加工伤保险而未参加的，由社会保险行政部门责令限期参加，补缴应当缴纳的工伤保险费，并自欠缴之日起，按日加收万分之五的滞纳金；逾期仍不缴纳的，处欠缴数额一倍以上三倍以下的罚款。

依照本条例规定应当参加工伤保险而未参加工伤保险的用人单位职工发生工伤的，由该用人单位按照本条例规定的工伤保险待遇项目和标准支付费用。

用人单位参加工伤保险并补缴应当缴纳的工伤保险费、滞纳金后，由工伤保险基金和用人单位依照本条例的规定支付新发生的费用。

《中华人民共和国社会保险法》第八十六条规定，用人单位未按时足额缴纳社会保险费的，由社会保险费征收机构责令限期缴纳或者补足，并自欠缴之日起，按日加收万分之五的滞纳金；逾期仍不缴纳的，由有关行政部门处欠缴数额一倍以上三倍以下的罚款。

用人单位实行租赁、承包经营后工伤保险责任如何界定？

用人单位实行租赁、承包经营，租赁、承包给有法人资格一方生产经营的，应当由租赁、承包方承担工伤保险责任；租赁、承包给不具有法人资格一方生产经营的，由发包方承担工伤保险责任。

什么叫社会保险参保登记？

社会保险参保登记是社会保险经办工作的一个必备环节，也是参保单位必须履行的一项程序。参加工伤保险也应该进行登记。按照《社会保险费征缴暂行条例》的规定，参保单位应当自本单位领取工商营业执照之日起30日内，到本单位所在地的社会保险经办机构，申请办理社会保险登记手续。

进行社会保险参保登记是体现社会保险强制性原则的一种重要手段，是社会保险经办机构掌握缴费单位和缴费个人有关基础信息的主要方法。社会保险参保登记是扩大社会保险覆盖面，加强社会保险强制性原则，确保应参保单位参加医疗保险的重要手段。社会保险经办机构可以通过这种方法掌握缴费单位和职工的基本情况，还可以对没有参保的单位进行核查，维护职工社会保险权益。

什么是社会保险变更登记？

社会保险变更登记是指社会保险登记事项发生变化之后，参保单位到本单位所在地的负责社会保险登记的社会保险经办机构，申请办理社会保险登记事项变更的特定程序。这是各项社会保险都应该履行的程序。按照规定，在缴费单位的单位名称、住所或地址、法定代表人或负责人、单位类型、组织机构统一代码、主管部门、隶属关系、开户银行账号，以及省、自治区、直辖市社会保险经办机构规定的其他事项中的任何一项发生变更时，都必须向原社会保险登记机构申请办理变更医疗保险登记。

企业应当自工商行政管理机关办理变更登记之日起30日内，到原社会保险登记机构办理变更医疗保险登记。办理变更登记应提交以下资料：一是社会保险登记资料，如单位名称、地址、法人或负责人、单位类型、组织机构统一代码、主管部门、开户银行账号等；二是工商营业执照、工商变更登记表；三是社会保险登记证；四是省、自治区、直辖市社会保险经办机构规定的其他资料，同时填写《社会保险变更登记表》。

社会保险经办机构受理医疗保险变更登记后，首先要对相关材料进行审核；其次更改数据库中相关信息；最后办理相关手续并收回原证，换发新的社会保险登记证。

什么是社会保险注销登记？

社会保险注销登记是参保单位在本单位发生重大变故而无法继续参保时应办理的一项社会保险手续。按照有关规定，参保单位在发生以下情形时，应办理注销登记：一是营业执照注销或吊销；二是被批准解散、破产、撤销、合并；三是国家法律、法规规定的其他情形。

参保单位在申请办理注销登记之前，应到社会保险经办机构结清应缴纳的社会保险费，并填写《社会保险注销登记表》，提交相关法律文书或其他有关注销文件。

如何处理不办理社会保险登记的参保单位？

按照《社会保险费征缴暂行条例》的规定，缴费单位未按照规定办理社会保险登记、变更登记或者注销登记，或者未按照规定申报应缴纳的社会保险费数额的，由劳动保障行政部门责令限期改正；情节严重的，对直接负责的主管人员和其他直接责任人员可以处 1000 元以上 5000 元以下的罚款；情节特别严重的，对直接负责的主管人员和其他直接责任人员可以处 5000 元以上 10000 元以下的罚款。

第三编
工伤保险基金

什么是工伤保险基金？

工伤保险基金是指社会保险经办机构或者税务机构通过各种方式征集的，用于工伤保险事业开支的专项基金。工伤保险是社会保险的一个组成部分，建立工伤保险基金是以社会保险的“大数法则”原则为依据的，即通过广泛筹集基金，实现人员、单位、地区之间调剂使用。这样，一旦发生工伤事故，社会保险经办机构才能够按时足额发放各种待遇。

工伤保险基金由哪几部分构成？

总体来说，社会保险基金的各项保险费来源于社会，但是工伤保险基金的来源有所不同。一般情况，工伤保险基金采取政府和企事业单位，或全部由企事业单位负担的方式。在我国，目前由用人单位全部负担，劳动者个人不缴纳工伤保险费。按照《工伤保险条例》规定，工伤保险基金由下列项目构成：（一）用人单位缴纳的工伤保险费；（二）工伤保险基金的利息；（三）依法纳入工伤保险基金的其他资金。如工伤保险费滞纳金等，也应当列入工伤保险基金。

什么是工伤保险费？什么叫工伤保险费率？

工伤保险费是指参加工伤保险的用人单位，依照规定的缴费比例缴纳的费用。工伤保险基金实行现收现付制，也就是当期征缴的工伤保险费用于支付当期的各项工伤保险待遇及其他合法支出。

工伤保险费率是指社会保险经办机构在一定时期计算和

征收工伤保险费的比率。工伤保险费率的确定，应该保证各项工伤保险待遇及各项合法项目的支出，同时又不使用人单位负担过重。工伤保险费率是工伤保险基金筹集的核心问题。工伤保险费用的征缴、调节和支付都要求确定一个合理的费率。合理的费率可以促进工伤保险事业的发展，改进企业的安全生产状况。

工伤保险费应当由谁缴纳？如何确定缴费金额？

工伤保险费应当由用人单位缴纳，职工不缴纳工伤保险费。这是我国工伤保险制度多年来一直坚持的原则。用人单位缴纳工伤保险费的数额为本单位职工工资总额乘以单位缴费费率之积。

统筹地区社会保险经办机构根据用人单位工伤保险费使用、工伤发生率等情况，适用所属行业内相应的费率档次确定单位缴费费率。根据有关规定，用人单位的初次缴费费率，按行业基准费率确定，以后由统筹地区社会保险经办机构根据用人单位工伤保险费使用、工伤发生率、职业病危害程度等因素，一至三年浮动一次。

应该特别注意的是，根据原劳动和社会保障部《关于实施〈工伤保险条例〉若干问题的意见》的规定，职工在两个及两个以上用人单位同时就业的，各用人单位应当分别为职工缴纳工伤保险费。职工发生工伤，由职工受到伤害时其工作的单位依法承担工伤保险责任。

工伤保险的缴费基数是什么？

用人单位缴纳工伤保险费的基数为本单位职工工资总额。

工资总额是计算平均工资的依据，一般是用人单位从事统计、缴费等劳动工资工作常用的一个概念。工资总额是用人单位在一定时期内直接支付给本单位全部职工的劳动报酬总额，包括计时工资、计件工资、奖金、津贴和补贴、加班加点工资、特殊情况下支付的工资，不论是否计入成本，均包括在内。不属于劳动报酬性质的经费开支，如用于职工生活福利、社会保险、劳动保护等方面的费用，一般不包括在工资总额内。

《工伤保险条例》第六十四条也规定，本条例所称工资总额，是指用人单位直接支付给本单位全部职工的劳动报酬总额。

社会保险经办机构负责核查用人单位的工资总额和职工人数。用人单位瞒报工资总额或者职工人数的，由社会保险行政部门责令改正，并处瞒报工资数额一倍以上三倍以下的罚款。

在工伤保险中为什么劳动者本人不缴费？

工伤保险费用全部由企业负担，职工个人不负担工伤保险费，这是工伤保险与养老保险、医疗保险、失业保险等社会保险项目的重要区别。

个人不缴纳工伤保险费，体现了工伤保险的严格雇主责任。在生产过程中，劳动力是生产的重要因素；职工为用人单位创造财富而出现事故，往往是付出了血的代价，给本人或家属已带来巨大的不幸和痛苦，所以对其发放待遇和补偿是社会和用人单位必须付出的，而不应该是受害人的“自我保险”。所以，在生产过程中，劳动者受到职业伤害，企业应对这种职业伤害给予经济补偿，这已经成为国际惯例。

什么是行业基准费率？

行业基准费率，就是由国家确定的不同行业工伤保险费的标准。在我国，不同工伤风险类别的行业执行不同的工伤保险行业基准费率。

什么是统一费率？

统一费率是按照法定统筹范围内预测开支的需求，与相同范围内用人单位的工资总额相比较，求出一个总的工伤保险费率。这种方式不考虑用人单位工伤实际风险的差别，但可以在最大可能的范围内平均分散工伤风险。

什么是差别费率？

行业差别费率，就是根据不同行业的工伤风险程度确定的不同费率。工伤保险费费率的确定方式与养老保险、医疗保险、失业保险不同。工伤保险费的费率确定，与所属行业和单位工伤发生率等情况挂钩。由于各行业在产业结构、生产类型、生产技术条件、管理水平等方面存在差异，表现出不同的职业伤害风险。为了体现保险费用公平负担，促使事故多的行业改进生产条件、提高生产技术、搞好安全生产，许多国家根据不同行业的工伤风险程度确定行业差别费率。差别费率的确定，主要是以企业或行业的工伤事故风险水平为依据的。风险越大，费率越高，这是保险业的一般规则。国外对各单位费率的确定方式大体为三种：第一种是对每一雇主单独确定；第二种是根据企业所属行业发生工伤风险情况而定；第三种是所有雇主缴纳同一数额。在实行行业差别费率的国家，各行业的费率幅度为单位工资总额的0.2%—21%，相差较大。例如，德国工伤保险费率最低为0.71%，最高为14.58%；美国的工伤保险费率为 0.6%—6 %；日本的工伤保险费率最低为 0.5%，最高为 14.8%；意大利为 0.6%—16%；巴西为 0.4 %—2.5 %。我国目前实行的也是这种费率。

实行差别费率可以促使行业或企业提高安全技术和管理水平，降低生产风险，从而减少工伤赔偿所需支付的成本。各个行业、企业因生产操作要求、地理布局、机器设备新旧、工人熟练程度和经验以及生产环境等方面的不同，发生工伤事故的概率各不相同。比如，煤矿采掘业比起玩具制造业，发生工伤事故的概率就要大得多；反之，在玩具、农业、商业、生活服务业等行业，工伤事故发生的概率要小得多。如果对具有不同事故发生率的企业统一实行同一费率就是不合理的，这会损害工伤概率小的企业利益，使它们不再关心减少工伤的危险，也会使工伤概率大的企业不关心如何减少工伤风险和关心生产安全。

什么是浮动费率？

浮动费率是在差别费率的基础上，每年对各行业或企业的安全生产状况和工伤保险费用支出状况进行分析评价，根据评价结果，由工伤保险管理机构决定该行业或企业的工伤保险费率上浮或下浮。一般做法是在差别费率实施 3—5 年后，通过合理的评价确定调控指标，开始实行费率浮动。浮动费率也是国际上一种通用的做法，我国规定调整的幅度为本行业标准费率的 5 %—40 %。

浮动费率的实施是工伤保险促进安全生产机制的具体体现。对那些安全生产情况好的企业，在达到一定的标准后，工伤保险管理机构可以将企业应缴纳的工伤保险费率降低，以达到奖励的作用。而对于那些安全生产状况差，工伤事故多，特别是社会保险机构对其安全生产现状进行评价而提出警示后，仍然对事故隐患不予改正，导致事故发生的企业，则以提高工伤保险费率的办法来达到惩罚的目的。

什么叫工伤保险支缴率？

工伤保险支缴率，是指当年度内，工伤保险基金支付用人单位工伤待遇的费用占该单位按基础费率缴纳工伤保险费的比例。

我国是如何确定工伤保险费率的？

工伤保险费率的确定和调整是工伤保险基金征缴的关键所在。不合理的费率，可能会导致用人单位这样那样的抵制，进而使得工伤保险基金的建立和运转出现问题。《工伤保险条例》第八条规定，工伤保险费根据以支定收、收支平衡的原则，确定费率。

《中华人民共和国社会保险法》第三十四条也规定，国家根据不同行业的工伤风险程度确定行业的差别费率，并根据使用工伤保险基金、工伤发生率等情况在每个行业内确定费率档次。行业差别费率和行业内费率档次由国务院社会保险行政部门制定，报国务院批准后公布施行。

社会保险经办机构根据用人单位使用工伤保险基金、工伤发生率和所属行业费率档次等情况，确定用人单位缴费费率。

工伤保险费征收为什么实行以支定收、收支平衡的原则？

工伤保险实行现收现付制，也就是当期征缴的工伤保险费用于支付当期的各项工伤保险待遇及其他合法支出。因此，工伤保险费费率的确定，应该保证各项工伤保险待遇及各项合法项目的支出，同时又不能使基金有过多的积累。正是基于上述考虑，《工伤保险条例》才规定，工伤保险实行以支定收、收支平衡的费率确定原则。以支定收、收支平衡，即以一个周期内的工伤保险基金的支付额度为标准，确定征缴保险费的额度，使工伤保险基金在一个周期内的收与支保持平衡。

我国是如何确定行业差别费率的?

《工伤保险条例》第八条规定，国家根据不同行业的工伤风险程度确定行业的差别费率，并根据工伤保险费使用、工伤发生率等情况在每个行业内确定若干费率档次。行业差别费率及行业内费率档次由国务院社会保险行政部门制定，报国务院批准后公布施行。

按照这一规定，我国确定行业差别费率基本按下列程序进行：一是国务院社会保险行政部门对全国范围内的工伤保险基金收支情况进行调查摸底，掌握工伤保险基金支出情况及一般规律，了解全国及各统筹地区的基金现状。二是在摸清底数的情况下，根据以支定收、收支平衡的原则，按照不同行业的工伤风险程度确定不同行业的差别费率，也就是确定一个行业基准费率。目前我国有八种费率。三是在确定基准费率的基础上，再根据不同行业各用人单位的工伤保险费使用、工伤发生率等情况在每个行业内确定若干费率档次。目前我国有3—5个档次。

如何确定用人单位缴费费率?

《工伤保险条例》规定，统筹地区经办机构根据用人单位工伤保险费使用、工伤发生率等情况，适用所属行业内相应的费率档次确定单位缴费费率。

也就是说，单位的缴费费率由统筹地区的经办机构根据该单位的工伤保险费使用、工伤发生率等情况，以及该单位在所在行业中的相应档次确定。这种具有浮动性的费率，使工伤发生多的单位缴纳的工伤保险费多，工伤发生少的单位缴费少，以达到促进安全生产的目的。关于单位的具体缴费率的确定机制，国务院社会保险行政部门将制定具体的计算标准，今后经办机构在确定单位的缴费费率时，只要根据确定的公式及相关数据即可计算用人单位的缴费费率。

工伤保险费率确定需考虑哪些因素？

按照《工伤保险条例》的规定，影响工伤保险费率确定的因素主要有两项：一是工伤保险费的使用，这是很直接、很直观的因素；二是工伤发生率，即某个单位在一定的时期内，劳动者发生工伤事故或者患职业病的千分比。

如何调整工伤保险费率？

工伤保险费率确定后，并不是一成不变的。《工伤保险条例》第九条规定，国务院社会保险行政部门应当定期了解全国各统筹地区工伤保险基金收支情况，及时提出调整行业差别费率及行业内费率档次的方案，报国务院批准后公布施行。

各地社会保险行政部门应当加强对工伤保险运行情况的监测，定期分析工伤保险费率对工伤保险制度运行的影响，认真做好工伤保险相关数据的测算，合理确定行业基准费率，科学制定费率浮动的具体办法。

2015年调整完善工伤保险费率政策有何重要意义？

按照党的十八届三中全会提出的“适时适当降低社会保险

费率”的精神，为更好贯彻社会保险法和《工伤保险条例》，使工伤保险费率政策更加科学、合理，适应经济社会发展的需要，经国务院批准，自2015年10月1日起，国家调整了现行工伤保险费率政策。调整完善工伤保险费率政策，总体上降低工伤保险费率水平，是适应我国经济发展新常态，减轻用人单位负担的重要举措，有利于建立健全与行业工伤风险基本对应、风险档次适度的工伤保险费率标准，有利于落实工伤保险基金“以支定收、收支平衡”筹资原则，优化工伤保险基金管理，确保工伤保险基金可持续运行，更好地保障工伤职工的合法权益。

如何划分行业工伤风险类别？

按照《关于工伤保险费率问题的通知》（劳社部发〔2003〕29号）的规定，根据不同行业的工伤风险程度，参照《国民经济行业分类》（GB/T4754—2002），行业的工伤风险类别分为三大类别：一类为风险较小行业，二类为中等风险行业，三类为风险较大行业。三类行业分别实行三种不同的工伤保险缴费率。

工伤保险行业风险具体有哪些分类？

第一类行业：银行业、证券业、保险业、其他金融活动业，居民服务业、其他服务业，租赁业、商务服务业、住宿业、餐饮业，批发业、零售业、仓储业、邮政业、电信和其他传输服务业，计算机服务业、软件业，卫生、社会保障业，社会福利业，新闻出版业、广播、电视、电影和音像业、文化艺术业，教育、研究与试验发展、专业技术业、科技交流和推广服务业、城市公共交通业。

第二类行业：房地产业，体育、娱乐业，水利管理业、环境管理业、公共设施管理业，农副食品加工业、食品制造业、饮料制造业，烟草制品业，纺织业、纺织服装、鞋、帽制造业，皮革、毛皮、羽绒及其制品业，林业、农业、畜牧业、渔业，农、林、牧、渔服务业，木材加工及木、竹、藤、草制品业，家具制造业、造纸及纸制品业、印刷业和记录媒介的复制、文教体育用品制造业，化学纤维制造业，医药制造业，通用机械制造业、专用机械制造业、交通运输设备制造业、电气机械及器材制造业，仪器仪表及文化、办公用机械制造业，非金属矿物制品业、金属制品业、橡胶制品业、塑料制品业，通信设备、计算机及其他电子设备制造业，工艺品及其他制造业，废弃资源和废旧材料回收加工业，电力、热力的生产和供应业，燃气生产和供应业、水的生产和供应业，房屋和土木工程建筑业、建筑安装业、建筑装饰业、其他建筑业，地质勘查业，铁路运输业、道路运输业、水上运输业、航空运输业、管道运输业，装卸搬运和其他运输服务业。

第三类行业：石油加工、炼焦及核心燃料加工业，化学原料及化学制品制造业、黑色金属冶炼及压延加工业、有色金属冶炼及压延加工业、石油和天然气开采业、黑色金属矿采选业、有色金属矿采选业、非金属矿采选业、煤炭开采和洗选业、其他采矿业。

2015 年，人力资源和社会保障部会同财政部又下发了《关于调整工伤保险费率政策的通知》（人社部发〔2015〕71 号），对工伤保险行业风险进行了更加详细的新的分类。具体分类见以下表格。

工伤保险行业风险分类表

行业类别	行业名称
一	软件和信息技术服务业，货币金融服务，资本市场服务，保险业，其他金融业，科技推广和应用服务业，社会工作，广播、电视、电影和影视录音制作业，中国共产党机关，国家机构，人民政协、民主党派，社会保障，群众团体、社会团体和其他成员组织，基层群众自治组织，国际组织
二	批发业，零售业，仓储业，邮政业，住宿业，餐饮业，电信、广播电视和卫星传输服务，互联网和相关服务，房地产业，租赁业，商务服务业，研究和试验发展，专业技术服务业，居民服务业，其他服务业，教育，卫生，新闻和出版业，文化艺术业
三	农副食品加工业，食品制造业，酒、饮料和精制茶制造业，烟草制品业，纺织业，木材加工和木、竹、藤、棕、草制品业，文教、工美、体育和娱乐用品制造业，计算机、通信和其他电子设备制造业，仪器仪表制造业，其他制造业，水的生产和供应业，机动车、电子产品和日用产品修理业，水利管理业，生态保护和环境治理业，公共设施管理业，娱乐业
四	农业，畜牧业，农、林、牧、渔服务业，纺织服装、服饰业，皮革、毛皮、羽毛及其制品和制鞋业，印刷和记录媒介复制业，医药制造业，化学纤维制造业，橡胶和塑料制品业，金属制品业，通用设备制造业，专用设备制造业，汽车制造业，铁路、船舶、航空航天和其他运输设备制造业，电气机械和器材制造业，废弃资源综合利用业，金属制品、机械和设备修理业，电力、热力生产和供应业，燃气生产和供应业，铁路运输业，航空运输业，管道运输业，体育
五	林业，开采辅助活动，家具制造业，造纸和纸制品业，建筑安装业，建筑装饰和其他建筑业，道路运输业，水上运输业，装卸搬运和运输代理业
六	渔业，化学原料和化学制品制造业，非金属矿物制品业，黑色金属冶炼和压延加工业，有色金属冶炼和压延加工业，房屋建筑业，土木工程建筑业
七	石油和天然气开采业，其他采矿业，石油加工、炼焦和核燃料加工业
八	煤炭开采和洗选业，黑色金属矿采选业，有色金属矿采选业，非金属矿采选业

我国工伤保险行业差别费率是多少？

人力资源和社会保障部、财政部下发的《关于调整工伤保险费率政策的通知》（人社部发〔2015〕71号）规定，不同工伤风险类别的行业执行不同的工伤保险行业基准费率。各行业工伤风险类别对应的工伤保险行业基准费率为，一类至八类（如前表所述）分别控制在该行业用人单位职工工资总额的0.2%、0.4%、0.7%、0.9%、1.1%、1.3%、1.6%、1.9%左右。

同时规定，通过费率浮动的办法确定每个行业内的费率档次。一类行业分为三个档次，即在基准费率的基础上，可分别向上浮动至 120%、150%，二类至八类行业分为五个档次，即在基准费率的基础上，可分别向上浮动至 120%、150% 或向下浮动至 80%、50%。

如何准确确定用人单位适用的行业分类？

各统筹地区社会保险经办机构要严格按照《关于调整工伤保险费率政策的通知》（人社部发〔2015〕71 号）规定的行业类别划分，根据用人单位的工商登记注册和主要经营生产业务等情况，分别确定其所对应的行业工伤风险类别。对劳务派遣企业，可根据被派遣劳动者实际用工单位所在行业，或根据多数被派遣劳动者实际用工单位所在行业，确定其工伤风险类别。

各统筹地区如何科学确定工伤保险行业基准费率标准？

各统筹地区人力资源社会保障部门要会同财政部门依据调整后的全国工伤保险行业基准费率，根据本地区各行业工伤保险费使用、工伤发生率、职业病危害程度等情况，拟订本地区工伤保险行业基准费率的具体标准，报统筹地区人民政府批准后实施。加强工伤保险基金的精算平衡，全面分析影响基金收入和支出的当期因素和中长期变化趋势，包括参保扩面潜力、职工工资基数增长速度、本地区参保单位工伤发生率、工伤医疗费用增长速度、保障范围和支付标准的变化等，确保基金中长期可持续运行。各地基准费率的具体标准可根据统筹地区经济产业结构变动、工伤保险费使用等情况适时调整。

如何合理调控工伤保险基金的结存规模?

各地要严格按照“以支定收、收支平衡”的筹资原则，将工伤保险基金结存保持在合理适度的规模。实行地市级统筹的地区，基金累计结存（含储备金）的正常规模原则上控制在 12 个月左右平均支付水平；实行省级统筹的地区，基金累计结存的正常规模原则上控制在 9 个月左右平均支付水平。基金累计结存超过正常规模的统筹地区，其行业基准费率的具体标准不得高于规定的全国工伤保险行业基准费率。实行地市级统筹、省级统筹的地区，基金累计结存规模分别超过 18 个月、12 个月左右平均支付水平的，应通过适时调整行业基准费率具体标准或下调费率等措施压减过多结存，促进基金结存回归正常水平。实行地市级统筹、省级统筹的地区，基金累计结存规模分别低于 9 个月、6 个月左右平均支付水平的，可通过加大扩面和基金征缴力度、适时调整行业基准费率具体标准或上浮费率等措施，确保基金安全可持续运行和各项工伤保险待遇支付。

单位费率如何浮动?

按照《关于调整工伤保险费率政策的通知》（人社部发〔2015〕71 号）规定，统筹地区社会保险经办机构应根据用人单位工伤保险费使用、工伤发生率、职业病危害程度等因素，确定其工伤保险费率，并可依据上述因素变化情况，每一至三年确定其在所属行业不同费率档次间是否浮动。对符合浮动条件的用人单位，每次可上下浮动一档或两档。统筹地区工伤保险最低费率不低于本地区一类风险行业基准费率。费率浮动的具体办法由统筹地区人力资源社会保障部门商财政部门制定，并征求工会组织、用人单位代表的意见。

各地确定费率后如何报备？

按照《关于调整工伤保险费率政策的通知》（人社部发〔2015〕71 号）规定，各统筹地区确定的工伤保险行业基准费率具体标准、费率浮动具体办法，应报省级人力资源社会保障部门和财政部门备案并接受指导。省级人力资源社会保障部门、财政部门应每年将各统筹地区工伤保险行业基准费率标准确定和变化，以及浮动费率实施情况汇总报人力资源和社会保障部、财政部。

各地要加强对费率政策执行情况的监控，建立费率调整和实施情况定期报备制度。各统筹地区应在每年末将本地区基准费率调整变化情况和浮动费率实施情况及实施效果报省级人力资源社会保障部门和财政部门。各省级人力资源社会保障部门、财政部门要在次年 2 月底之前将本地区的汇总分析情况报送人力资源和社会保障部、财政部。

如何理解工伤保险费收支两条线管理？

《工伤保险条例》规定，工伤保险基金存入社会保障基金财政专户。所谓社会保障基金财政专户，就是财政部门在银行开设的用于存储基金账户。

实行收支两条线管理是指负责社会保险费征缴的机构、财政部门和社会保险经办机构在国有商业银行分别开设“社会保险基金收入户”、“社会保障基金财政专户”和“工伤保险基金支出户”。收入户用于暂存收缴的各项基金收入，除按规定向社会保障基金财政专户划拨资金外，一般只收不支；支出户主要用于支付基金开支项目，除按规定接受财政专户拨入的资金外，一般只支不收；财政专户用于存储基金，其作用是接受从收入户划入的资金并向支出户拨付资金。工伤保险基金的各项支出必须从支出户中拨付。

工伤保险基金收入户的资金应定期全部划入社会保障基金财政专户。财政部门按照社会保险经办机构关于工伤保险基金支付的预算，按一定期限将资金从社会保障基金财政专户划拨到工伤保险基金支出户。出现特殊情况需要临时调整工伤保险基金支付数额时，由社会保险经办机构提出用款计划，经财政部门审核后划拨资金；需要调整预算的，按调整后的预算执行。财政部门除根据社会保险经办机构的预算及其提出的用款计划拨付资金外，不得自行安排和使用工伤保险基金。为了确保基金的安全，条例规定，任何单位或者个人不得将工伤保险基金用于投资运营、兴建或者改建办公场所、发放奖金或者挪作其他用途。

工伤保险基金实行收支两条线管理，是为了加强对工伤保险基金的管理，维护工伤职工的合法权益，保证基金的完整与安全。因此，在实际操作中，各相关主体应严格按照规定执行，不得违规操作，否则要承担相应的法律责任。

工伤保险基金的支出项目有哪些?

社会保险法第三十八条规定，因工伤发生的下列费用，按照国家规定从工伤保险基金中支付：

（一）治疗工伤的医疗费用和康复费用；

（二）住院伙食补助费；

（三）到统筹地区以外就医的交通食宿费；

（四）安装配置伤残辅助器具所需费用；

（五）生活不能自理的，经劳动能力鉴定委员会确认的生活护理费；

（六）一次性伤残补助金和一至四级伤残职工按月领取的伤

残津贴；

（七）终止或者解除劳动合同时，应当享受的一次性医疗补助金；

（八）因工死亡的，其遗属领取的丧葬补助金、供养亲属抚恤金和因工死亡补助金；

（九）劳动能力鉴定费。

《工伤保险条例》第十二条进一步规定，工伤保险基金存入社会保障基金财政专户，用于本条例规定的工伤保险待遇，劳动能力鉴定，工伤预防的宣传、培训等费用，以及法律、法规规定的用于工伤保险的其他费用的支付。

工伤预防费用如何提取？

工伤预防费用，就是从工伤保险基金里提取专项用于安全奖励、事故预防、宣传和科研的费用。《工伤保险条例》第十二条规定，工伤预防费用的提取比例、使用和管理的具体办法，由国务院社会保险行政部门会同国务院财政、卫生行政、安全生产监督管理等部门规定。

工伤保险基金为什么要留有一定比例的储备金？

《工伤保险条例》第十三条规定，工伤保险基金应当留有一定比例的储备金，用于统筹地区重大事故的工伤保险待遇支付；储备金不足支付的，由统筹地区的人民政府垫付。储备金占基金总额的具体比例和储备金的使用办法，由省、自治区、直辖市人民政府规定。

工伤保险基金所设立的储备金，是为了防范统筹地区重大事故发生后，基金大规模支出的应急资金。工伤保险实行现收现付制度，根据“以支定收、收支平衡”的原则确定费率。根据这一原则，当期征缴的工伤保险费与支付的工伤保险待遇基本持平。但在实际中，会有不测的重大事故发生，为避免出现重大事故突发时，工伤保险基金难以支付的情况，有必要建立应对突发、重大事故风险的储备金制度。这可以更好地保障工伤职工的权益，也可以较好地分散发生重大事故的用人单位的风险。

如何建立并规范工伤保险基金储备金制度？

人力资源和社会保障部、财政部下发的《关于调整工伤保险费率政策的通知》（人社部发〔2015〕71号）提出，各地要充分利用信息化手段，构建工伤保险基金运行分析和风险预警系统，加强对政策实施和基金运行情况的监测，定期分析工伤保险费率对工伤保险基金运行的影响。在此基础上，建立和完善工伤保险储备金制度，应对突发性、大规模、集中的工伤保险基金支付风险。储备金的规模按当地基金支出规模的一定比例确定，具体比例由省、自治区、直辖市人民政府确定。未设立储备金的统筹地区应于2016年底前设立储备金，已实行省级统筹的地区要建立省级储备金制度。储备金计算在工伤保险基金结存之内。

什么是工伤保险基金统筹层次？

工伤保险基金统筹层次，主要是指在一定范围内的统一设计、统一管理、统一筹划工伤保险基金的征缴、管理和使用。每个统筹地区各自负责本区域内工伤保险基金的平衡，结余主要归本统筹地区支配和使用，缺口一般都需要本级政府和本级财政填补。统筹层次越高，工伤保险基金抗风险能力越强。按照《工伤保险条例》第十一条规定，工伤保险基金逐步实行省级统筹。跨地区、生产流动性较大的行业，可以采取相对集中的方式异地参加统筹地区的工伤保险。具体办法由国务院社会保险行政部门会同有关行业的主管部门制定。

当前工伤保险为什么要大力推进市级统筹?

提高工伤保险统筹层次是提高工伤保险基金抵御风险能力的重要措施，也是适当降低费率的有力保障。《工伤保险条例》实施以来，工伤保险覆盖范围不断扩大，参保人数快速增加，政策标准和管理服务逐步完善，工伤保险制度在维护职工权益、分散用人单位风险、促进社会和谐稳定方面日益发挥出重要作用。但由于多种原因，目前仍有相当一部分地区工伤保险实行县级统筹，统筹层次低，基金规模小，化解风险能力差，已成为制约工伤保险事业健康发展的突出问题之一。

建立工伤保险市级统筹，是进一步贯彻落实《工伤保险条例》，完善工伤保险制度、推进工伤保险事业发展的需要。提高工伤保险统筹层次，扩大基金规模，有利于提高工伤保险基金抵御风险的能力，更安全、更有效地保障工伤职工权益；有利于进一步提高基金使用效率；有利于不断提高工伤保险保障水平，并统筹解决好老工伤等历史遗留问题；有利于加快推进预防、补偿、康复三位一体工伤保险制度体系建设，为工伤职工提供更全面、更周到的服务。各地要从深入贯彻落实科学发展观、保障民生的全局和推进工伤保险事业全面发展的高度，将提高统筹层次作为完善工伤保险制度的一项重要任务，加大工作力度，切实加快推进工伤保险市级统筹工作。有鉴于此，国家提出，尚未实行地市级统筹的地区，要尽快实现地市级基金统筹；已初步实行地市级统筹的地区，要加快实现基金的统收统支管理；有条件的地区，要积极推进省级统筹。

工伤保险市级统筹工作重点是什么？

建立工伤保险市级统筹，核心是实现工伤保险基金统筹，关键是基金在全市范围统筹调剂使用，基础是统一参保缴费办法、待遇支付等项政策标准和规范工伤认定、劳动能力鉴定、工伤预防、工伤医疗和工伤康复等项管理服务。

目前，尚未实现市级统筹的地区，应结合本地实际，明确工作重点。要统一参保范围和参保对象，按《工伤保险条例》和有关政策规定推进各类用人单位和职工参加工伤保险；统一行业差别费率标准，做好征缴工作；统一基金管理，实行全市基金收支预算管理制度，有条件的地区要实现基金统收统支，其他地区也要统一基金财务管理制度和使用办法，加大基金市级调剂力度，逐步实现全市范围内统一调度和使用基金；统一制定工伤认定和劳动能力鉴定办法，规范认定和鉴定程序；统一工伤保险待遇支付标准；统一经办流程和信息系统。

项目参保下如何完善工伤保险费计缴方式？

按用人单位参保的建筑施工企业应以工资总额为基数依法缴纳工伤保险费。以建设项目为单位参保的，可以按照项目工程总造价的一定比例计算缴纳工伤保险费。

项目参保下如何科学确定工伤保险费率？

各地区人力资源社会保障部门应参照本地区建筑企业行业基准费率，按照“以支定收、收支平衡”原则，商住房城乡建设主管部门合理确定建设项目工伤保险缴费比例。要充分运用工伤保险浮动费率机制，根据各建筑企业工伤事故发生率、工伤保险基金使用等情况适时适当调整费率，促进企业加强安全生产，预防和减少工伤事故。

项目参保下如何确保工伤保险费用来源？

建设单位要在工程概算中将工伤保险费用单独列支，作为不可竞争费，不参与竞标，并在项目开工前由施工总承包单位一次性代缴本项目工伤保险费，覆盖项目使用的所有职工，包括专业承包单位、劳务分包单位使用的农民工。

难以直接按照工资总额计算缴纳工伤保险费的企业如何缴纳工伤保险费？

《工伤保险条例》第九条规定，对难以按照工资总额缴纳工伤保险费的行业，其缴纳工伤保险费的具体方式，由国务院社会保险行政部门规定。按照人力资源和社会保障部下发的《部分行业企业工伤保险费缴纳办法》的规定，建筑、服务、矿山等行业中难以直接按照工资总额计算缴纳工伤保险费的建筑施工企业、小型服务企业、小型矿山企业等可实行特殊的缴费办法。

建筑施工企业可以实行以建筑施工项目为单位，按照项目工程总造价的一定比例，计算缴纳工伤保险费。

商贸、餐饮、住宿、美容美发、洗浴以及文体娱乐等小型服务业企业以及有雇工的个体工商户，可以按照营业面积的大小核定应参保人数，按照所在统筹地区上一年度职工月平均工资的一定比例和相应的费率，计算缴纳工伤保险费；也可以按照营业额的一定比例计算缴纳工伤保险费。

小型矿山企业可以按照总产量、吨矿工资含量和相应的费率计算缴纳工伤保险费。

以上所列部分行业企业工伤保险费缴纳的具体计算办法，由省级社会保险行政部门根据本地区实际情况确定。

用人单位未按规定申报应缴纳工伤保险费的怎么处理？

根据社会保险法第六十二条规定，用人单位未按规定申报缴纳社会保险费的，按照该单位上月缴费额的110%确定应缴纳数额。用人单位补办申报手续后，由社会保险费征收机构按规定结算。

第四编
工伤认定

哪些情形应当认定为工伤？

按照《工伤保险条例》第十四条的规定，职工有下列情形之一的，应当认定为工伤：

（一）在工作时间和工作场所内，因工作原因受到事故伤害的；

（二）工作时间前后在工作场所内，从事与工作有关的预备性或者收尾性工作受到事故伤害的；

（三）在工作时间和工作场所内，因履行工作职责受到暴力等意外伤害的；

（四）患职业病的；

（五）因工外出期间，由于工作原因受到伤害或者发生事故下落不明的；

（六）在上下班途中，受到非本人主要责任的交通事故或者城市轨道交通、客运轮渡、火车事故伤害的；

（七）法律、行政法规规定应当认定为工伤的其他情形。

怎样理解“在工作时间和工作场所内，因工作原因受到事故伤害”？

在工作时间和工作场所内，因工作原因受到事故伤害，是工伤保险范围的总体概括。

这里的“工作时间”，是指法律规定的或者单位要求职工工作的时间。

这里的“工作场所”，是指职工日常工作所在的场所，以及领导临时指派其所从事工作的场所。

这里的“事故伤害”，是指职工在工作过程中发生的人身伤害或急性中毒等事故。

如何理解“工作时间前后在工作场所内，从事与工作有关的预备性或者收尾性工作受到事故伤害”？

所谓“预备性工作”，是指在工作前的一段合理时间内，从事与工作有关的准备工作，诸如运输、备料、准备工具等。

所谓“收尾性工作”，是指在工作后的一段合理时间内，从事与工作有关的收尾性工作，诸如清理、安全贮存、收拾工具和衣物等。例如，工作结束后，某职工将工作时使用的工具收进仓库，在收拾工具的过程中不慎被工具砸伤。该职工收拾工具的行为属于收尾性工作，该职工在收拾工具过程中受到伤害的，应认定为工伤。

职工为完成工作，在工作时间前后，有时需要做一些与工作有关的预备性或者收尾性工作。这段时间虽然不是职工的工作时间，但是，在这段时间内从事的预备性或者收尾性工作，是与工作有直接关系的，因此，《工伤保险条例》规定这种情形也应认定为工伤。

如何理解“在工作时间和工作场所内，因履行工作职责受到暴力等意外伤害”？

“因履行工作职责受到暴力等意外伤害”有两层含义：一层是指职工因履行工作职责，使某些人的不合理的或违法的目的没有达到，这些人出于报复而对该职工进行的暴力人身伤害；另一层是指在工作时间和工作场所内，职工因履行工作职责受到的意外伤害，诸如地震、厂区失火、车间房屋倒塌以及由于单位其他设施不安全而造成的伤害等。

如何理解“因工外出期间，由于工作原因受到伤害或者发生事故下落不明”？

这里的“因工外出”，是指职工不在本单位的工作范围内，由于工作需要被领导指派到本单位以外工作。这里的“外出”包括两层含义：一是指到本单位以外，但是还在本地范围内；二是指不仅离开了本单位，并且到外地去了。

这里的“由于工作原因受到伤害”，是指由于工作原因直接或间接造成的伤害，包括事故伤害、暴力伤害和其他形式的伤害。

这里的“事故”，包括安全事故、意外事故以及自然灾害等各种形式的事故。

《人力资源社会保障部关于执行〈工伤保险条例〉若干问题的意见》（人社部发〔2013〕34号）进一步规定，《工伤保险条例》第十四条第（五）项规定的“因工外出期间”的认定，应当考虑职工外出是否属于用人单位指派的因工作外出，遭受的事故伤害是否因工作原因所致。

最高人民法院《关于审理工伤保险行政案件若干问题的规定》明确，社会保险行政部门认定下列情形为“因工外出期间”的，人民法院应予支持：（一）职工受用人单位指派或者因工作需要在工作场所以外从事与工作职责有关的活动期间；（二）职工受用人单位指派外出学习或者开会期间；（三）职工因工作需要的其他外出活动期间。

职工因工外出期间从事与工作或者受用人单位指派外出学习、开会无关的个人活动受到伤害，社会保险行政部门不认定为工伤的，人民法院应予支持。

如何理解“在上下班途中，受到非本人主要责任的交通事故或者城市轨道交通、客运轮渡、火车事故伤害”？

依照《工伤保险条例》的规定，劳动者在上下班途中受到非本人主要责任的交通事故或者城市轨道交通、客运轮渡、火车事故伤害的可以认定为工伤。就上下班交通事故而言，虽然事故发生时劳动者既非在工作时间又非在工作场所，但现代社会劳动者前往工作场所以及工作结束后返回住处在多数情况下已成为其整个工作劳动过程不可或缺的重要组成部分。对于劳动者来说，他们不得不经常性地将自己暴露于交通事故的风险中。正是从这个意义上讲，上下班交通事故同样具备伤害与工作间的因果性关联，故此将其纳入工伤保险保障具有内在合理性。

按照《工伤保险条例》的规定，上下班途中交通事故的工伤认定包括三大要素：（一）致害事故属各类法定的交通事故；（二）交通事故发生在劳动者上下班途中；（三）劳动者对交通事故的发生承担非主要责任。

如何认定“非本人主要责任”？

按照《人力资源社会保障部关于执行〈工伤保险条例〉若干问题的意见》（社部发〔2013〕34号）的规定，《工伤保险条例》第十四条第（六）项规定的“非本人主要责任”的认定，应当以有关机关出具的法律文书或者人民法院的生效裁决为依据。这里的有关机关主要指公安机关交通管理部门。

什么是上下班途中？

人力资源和社会保障部办公厅于2011年6月27日下发了《关于工伤保险有关规定处理意见的函》。该文件指出，“上下班途中”是指合理的上下班时间和合理的上下班路途。“合理”就是具有正当性。上下班有一个时间区域，可能早一点，可能晚一点，比如下了班以后还要加一会儿班，或者是等交通的高峰时段过了之后再回家，这些都属于合理时间。“合理路线”包括的范围比较广泛，比如下班的途中需要到菜市场买一点菜，然后再回家，而且是顺路，这都应当包括在内。

《最高人民法院关于审理工伤保险行政案件若干问题的规定》明确，对社会保险行政部门认定下列情形为“上下班途中”的，人民法院应予支持：

（一）在合理时间内往返于工作地与住所地、经常居住地、单位宿舍的合理路线的上下班途中；

（二）在合理时间内往返于工作地与配偶、父母、子女居住地的合理路线的上下班途中；

（三）从事属于日常工作生活所需要的活动，且在合理时间和合理路线的上下班途中；

（四）在合理时间内其他合理路线的上下班途中。

加班后去父母家路上受伤算不算工伤？

下班后，小 × 临时决定去父母家看望老人。不幸的是，他在路上被一辆汽车撞倒在地，断了两根肋骨。根据《最高人民法院关于审理工伤保险行政案件若干问题的规定》，小 × 符合第六条的规定，“在合理时间内往返于工作地与配偶、父母、子女居住地的合理路线的上下班途中”，可以认定属于工伤。

下班回家顺道买菜受伤属不属于工伤？

下班之后，小 S 顺路去了菜市场。小 S 拎着菜刚走出菜市场，便被一辆电瓶车撞翻在地。根据人力资源和社会保障部办公厅《关于工伤保险有关规定处理意见的函》和《最高人民法院关于审理工伤保险行政案件若干问题的规定》，小 S 回家的路上，顺路买菜属于“合理路线”，应该认定为工伤。如果非要她先回家再出来买菜，反而不是正常人应有的生活。按照这一情形来类推的话，顺路去洗车等，也是符合“合理时间”和“合理路线”的。

职工在上下班途中自己不慎摔倒或者不慎碰伤是否可以认定为工伤？

按照《工伤保险条例》的规定，职工在上下班途中只有发生非本人主要责任的交通事故或者城市轨道交通、客运轮渡、火车事故受伤才具备认定工伤的基本前提。因此，如果职工在上下班途中因路滑或没有看清路等原因，自己不慎摔倒、碰伤，都不能认定为工伤，不能给予工伤保险待遇。

为什么要把职业病纳入工伤保险范围？

在我国，有毒有害企业众多，受到职业危害的人数超过亿人，而职业病已成为重大公共卫生和社会问题。我国的职业病形势十分严峻，对职业病的防治和快速发展的经济水平极不适应，这已经成为重大的公共卫生和社会问题。在全国报告的各类职业病中，尘肺病占到 80%，其他急慢性中毒约占 20%。据统计，20 世纪 50 年代以来，我国累计报告尘肺病病例近数十万人，这个数字相当于世界其他国家尘肺病人的总和。其中已经有十多万人死亡，现有患者数十万人。职业病问题为何如此严重？主要原因是职业病防治法规落实不力，一些地方片面强调经济发展，监管不到位。另外，传统的职业病危害尚未完全消除，新的职业病危害又不断产生。

为了保护受到职业病危害的人群，参照国际上的做法，我国工伤保险制度已经将受职业病危害的人员纳入工伤保险范围，对尘肺病等职业呼吸系统疾病的各类职业病患者提供治疗费用和生活保障。

构成职业病的要件是什么？

构成职业病有以下几个要件：

（一）患病者必须是企业、事业单位或者个体经济组织中的劳动者；

（二）必须是从事职业活动的过程中产生的；

（三）必须是因接触粉尘、放射性物质和其他有毒、有害物质等职业危害因素而引起的，其中放射性物质是指放射性同位素或射线装置发出的 α射线、β射线、γ射线、χ射线、中子射线等电离辐射；

（四）必须是国家公布的职业病分类和目录所列的职业病。

职业病分类和目录由谁负责？

《中华人民共和国职业病防治法》规定，职业病的分类和目录由国务院卫生行政部门会同国务院社会保险行政部门规定、调整并公布。2013 年，国家卫生计生委、安全监管总局、人力资源和社会保障部等部门联合对职业病的分类和目录进行了调整，公布了新的《职业病分类和目录》。

我国的职业病是如何分类的？

根据国家卫生计生委、安全监管总局、人力资源和社会保障部等部门联合公布的《职业病分类和目录》的规定，法定的职业病现有 10 大类，115 种。这 10 类包括职业性尘肺病及其他呼吸系统疾病、职业性皮肤病、职业性眼病、职业性耳鼻喉口腔疾病、职业性化学中毒、物理因素所致职业病、职业性放射性疾病、职业性传染病、职业性肿瘤和其他职业病。

办理了退休手续或解除劳动合同后被诊断或鉴定为职业病的人员如何办理工伤认定？

《人力资源社会保障部关于执行〈工伤保险条例〉若干问题的意见》（人社部发〔2013〕34号）规定，曾经从事接触职业病危害作业、当时没有发现罹患职业病、离开工作岗位后被诊断或鉴定为职业病的符合下列条件的人员，可以自诊断、鉴定为职业病之日起一年内申请工伤认定，社会保险行政部门应当受理：

（一）办理退休手续后，未再从事接触职业病危害作业的退休人员；

（二）劳动或聘用合同期满后或者本人提出而解除劳动或聘用合同后，未再从事接触职业病危害作业的人员。

哪些情形可视同工伤？

《工伤保险条例》第十五条规定，职工有下列情形之一的，视同工伤：

（一）在工作时间和工作岗位，突发疾病死亡或者在48小时之内经抢救无效死亡的；

（二）在抢险救灾等维护国家利益、公共利益活动中受到伤害的；

（三）职工原在军队服役，因战、因公负伤致残，已取得革命伤残军人证，到用人单位后旧伤复发的。

职工有前款第（一）项、第（二）项情形的，按照本条例的有关规定享受工伤保险待遇；职工有前款第（三）项情形的，按照本条例的有关规定享受除一次性伤残补助金以外的工伤保险待遇。

对于“职工在工作时间和工作岗位，突发疾病死亡或者在48小时之内经抢救无效死亡的”视同工伤中的“突发疾病”和“48小时”如何掌握?

此款规定设定了三个条件，必须在这三个条件同时满足时，才能认定为工伤。一是工作时间；二是工作岗位；三是突发疾病死亡或者在48小时之内死亡。举例说，××患有心脏病，这原本属于自身疾病，而不应列入工伤范围，但是，如果××是在工作时间，而且在工作岗位上，心脏病突然发作而死，或者在发作后48小时之内经抢救无效而死亡的，就应认定为工伤。反过来看，如果××没有死就不能认定为工伤。《劳动和社会保障部关于实施〈工伤保险条例〉若干问题的意见》(劳社部函〔2004〕256号)第三条规定，“突发疾病”包括各类疾病；“48小时”的起算时间以医疗机构的初次诊断时间作为突发疾病的起算时间。

如何正确认识与适用“48小时”的限制性规定?

在实践中，不少人认为，“48小时”的限制性规定，缺乏充分的理论和医学依据，造成了“死得快是工伤，死得慢非工伤”的不合理现象，且把“48小时”之外死亡的排除在工伤范围之外，会导致不少劳动者的正当利益得不到保护。因此，“48小时”的限制性规定，被认为缺乏人性化而受到广泛质疑。司法实践中，也曾出现突破该限制性规定适用的案例。

但上述理解和做法都是不正确的。首先，工伤是指劳动过程中发生的伤害，强调在工作时间、工作岗位发生的事故伤害，包括职业病，但不包括一般的疾病。《工伤保险条例》第十四条明确规定了七种工伤情形。用工期间突发疾病导致的死亡，严格来讲本不属于工伤保险的范围，但为了突出对劳动者利益的保护，《工伤保险条例》第十五条明确规定“视同”工伤，将其纳入工伤范围。同时，为了平衡劳资权益，排除与工作无关疾病导致伤亡认定的情形，避免将突发疾病无限制地扩大到工伤范围内，《工伤保险条例》作出了“48 小时”的限制性规定。尽管这样的立法规定可能存在不合理之处，但在司法的过程中，应该严格适用“48 小时”的限制性规定。对于突发疾病在 48 小时之内经抢救无效死亡的，可认定为工伤；对于在 48 小时之外经抢救无效死亡的，则不应认定为工伤。

如何理解“在抢险救灾等维护国家利益、公共利益活动中受到伤害的”视同工伤？

按照工伤的定义，职工在工作过程中因工作原因受到事故伤害或者患职业病才能认定为工伤，但是为了维护国家利益、公共利益，从事抢险救灾、见义勇为等的公益性活动引起的伤害，既不在工作过程中，也不是因工作原因，超出了工伤范围，所以，《工伤保险条例》规定视同工伤对待，并按照《工伤保险条例》的有关规定享受工伤保险待遇。比如，职工不在工作时间和工作环境下，因为维护社会治安同犯罪分子作斗争而伤、残、死亡的，就属于此项规定的情形，应认定为工伤。但在认定工伤时，需要持用人单位及有关部门出具的可靠证明，以及当时就诊的诊断证明，由劳动保障行政部门的工伤认定机关认定。

职工在军队服役期间负伤致残，到用人单位后旧伤复发的，是否应该享受工伤保险待遇？

职工在军队服役期间负伤致残，到用人单位后旧伤复发的，是否应该享受工伤保险待遇，不能一概而论，而应分两种情况：一是职工在军队服役期间因公负伤致残，并已取得革命伤残军人证，到用人单位后旧伤复发的，能够享受除一次性伤残补助金以外的工伤保险待遇；二是职工在军队服役期间因公负伤致残，未取得革命伤残军人证，或者职工在军队服役期间不是因公负伤致残，到用人单位后旧伤复发的，按照《工伤保险条例》的规定既不属于应该认定为工伤的情形也不属于应该视同工伤的情形，不能享受工伤保险待遇。职工治疗旧伤复发的医疗费用，按照医疗保险的有关规定执行。

职工因工外出期间突发疾病死亡的，能否视同工伤？

职工因工作需要，临时离开工作岗位但仍在工作区域内，或者由于工作需要被领导指派到本单位工作区域以外，或者为了更好地完成工作自己到本单位工作区域以外从事与本职工作有关的工作时，突发疾病死亡或者在 48 小时之内经抢救无效死亡的，可以视同工伤。成建制驻外施工人员，工作时间以内在临时住所休息时突发疾病死亡或者在 48 小时之内经抢救无效死亡的，可以视同工伤。

哪些情形不得认定为工伤或者视同工伤？

按照《工伤保险条例》第十六条规定，职工符合本条例第十四条、第十五条的规定，但是有下列情形之一的，不得认定为工伤或者视同工伤：

（一）故意犯罪的；

（二）醉酒或者吸毒的；

（三）自残或者自杀的。

"故意犯罪"如何认定？

职工故意犯罪造成自身伤亡，应由职工本人承担相应的法律后果。何谓故意犯罪？我国刑法第十四条规定："明知自己的行为会发生危害社会的结果，并且希望或者放任这种结果发生，因而构成犯罪的，是故意犯罪。"故意犯罪的社会影响恶劣，对国家、社会和公民的财产、利益等损害较大。故意犯罪就应当承担一定的不利后果，就应该被排除在工伤保险制度之外，不予以认定工伤，不能享受工伤保险待遇。

但实践中，对于职工是故意犯罪还是过失犯罪有不同的理解和判断，因此，《人力资源社会保障部关于执行〈工伤保险条例〉若干问题的意见》（人社部发〔2013〕34号）进一步规定，《工伤保险条例》第十六条第（一）项"故意犯罪"的认定，应当以司法机关的生效法律文书或者结论性意见为依据。

"醉酒或者吸毒"如何认定？

醉酒，是指职工饮用含有酒精的饮料后达到一种状态。醉酒会导致行为失控。《工伤保险条例》之所以未将醉酒导致伤亡的情形定为工伤，主要考虑醉酒是一种个人行为，国家的一些法律规定禁止醉酒后工作，如禁止酒后驾车等。因此，由于醉酒导致行为失去控制，引发各种事故不能作为工伤处理。《工伤保险条例》这样规定，也可以在一定程度上控制职工酒后工作或驾车，减少工伤事故的发生。对于醉酒标准，人社部在《实施〈中华人民共和国社会保险法〉若干规定》（人力资源和社会保障部令第13号）中明确规定，可参照《车辆驾驶人员血液、呼气酒精含量阈值与检验》国家标准（GB19522—2010）执行。

吸毒在医学上多称为药物依赖和药物滥用。吸毒对吸毒者的身心危害极大：毒品进入人体后作用于人的神经系统，使吸毒者对毒品产生依赖，出现一种渴求用药的强烈欲望，驱使吸毒者不顾一切地寻求和使用毒品。吸毒后，人的控制力降低。因此，职工在工作时因吸毒导致行为失控而对自己造成的伤害，不认定为工伤。《人力资源社会保障部关于执行〈工伤保险条例〉若干问题的意见》（人社部发〔2013〕34 号）明确，对“醉酒或者吸毒”的认定，应当以有关机关出具的法律文书或者人民法院的生效裁决为依据。无法获得上述证据的，可以结合相关证据认定。这里的有关机关是指公安机关交通管理部门、医疗机构等。

自残或者自杀如何认定？

“自残”是指通过各种手段和方法伤害自己的身体，并造成伤害结果的行为。例如，某职工为了获取较高的工伤保险赔付，在工作过程中，趁其他工友不注意，故意用刀将其手指切断，该职工的这种行为，就属于自残。

“自杀”是指通过各种手段和方法结束自己生命的行为。例如，某职工因个人私事想不开，从工作场所内的 10 多米高的作业台上纵身跳下，当场死亡。该职工的这种行为就属于自杀。《工伤保险条例》不将自残或者自杀的情形定为工伤，主要是考虑，自残或者自杀与工作没有必然联系，在这种情形中，职工本人对自己的死伤存在着主观故意。将其认定为工伤，有悖工伤保险的立法目的。

在实践中自残和自杀一般很难直接认定，由于认定主要靠对伤亡职工行为时的主观思想进行判断分析，虽然主观思想依赖客观行为反映，直接认定具有很大的难度，另外认定行为本身就是一种对伤亡职工内心思想的主观推断。所以，只有很充足、明显的证据表明伤亡职工存在自残或自杀行为，才能适用

《工伤保险条例》第十六条第（三）项规定。司法实践中，往往是先由公安机关等司法部门作出认定，发生无法判断情形之时，再由社会保险行政部门综合各方面因素，在遵行保护劳动者原则下作出合理的判断。

工伤认定应由谁来申请？

《工伤保险条例》规定，职工发生事故伤害或者按照职业病防治法规定被诊断、鉴定为职业病，所在单位应当自事故伤害发生之日或者被诊断、鉴定为职业病之日起 30 日内，向统筹地区社会保险行政部门提出工伤认定申请。遇有特殊情况，经报社会保险行政部门同意，申请时限可以适当延长。

《工伤保险条例》同时规定，用人单位未在规定的时限内提交工伤认定申请，在此期间发生符合《工伤保险条例》规定的工伤待遇等有关费用由该用人单位负担。

单位不给职工申请工伤认定，应该怎么办？

《工伤保险条例》规定，用人单位未按规定提出工伤认定申请的，工伤职工或者其近亲属、工会组织在事故伤害发生之日或者被诊断、鉴定为职业病之日起一年内，可以直接向用人单位所在地统筹地区社会保险行政部门提出工伤认定申请。职工所在单位是否同意（签字、盖章）不是必经程序。

用人单位未按前款规定提出工伤认定申请的，工伤职工或者其近亲属、工会组织在事故伤害发生之日或者被诊断、鉴定为职业病之日起一年内，可以直接向用人单位所在地统筹地区社会保险行政部门提出工伤认定申请。

哪一级工会组织有权作为主体申请工伤认定？

用人单位未按规定提出工伤认定申请时，有权申请工伤认定的工会组织包括用人单位的工会组织以及符合《中华人民共和国工会法》规定的各级工会组织。

什么是工伤认定申请时限？

所谓申请时限，是指对法定义务人在一定时间内履行义务的要求，如果法定义务人没有在法定的时间内履行义务，就要承担相应的责任。

《工伤保险条例》规定，职工发生事故伤害或确诊为职业病，用人单位应自事故伤害发生之日或者由省级卫生部门指定的职业病诊断机构确诊为职业病之日起 30 日内，向社会保险行政部门提出工伤认定申请。在这里，30 日就是用人单位申请认定工伤的时限。

哪些情形下被延误的时间不计算在工伤认定申请时限内？

《人力资源社会保障部关于执行〈工伤保险条例〉若干问题的意见（二）》（人社部发〔2016〕29 号）规定，有下列情形之一的，被延误的时间不计算在工伤认定申请时限内。

（一）受不可抗力影响的；

（二）职工由于被国家机关依法采取强制措施等人身自由受到限制不能申请工伤认定的；

（三）申请人正式提交了工伤认定申请，但因社会保险机构未登记或者材料遗失等原因造成申请超时限的；

（四）当事人就确认劳动关系申请劳动仲裁或提起民事诉讼的；

（五）其他符合法律法规规定的情形。

《最高人民法院关于审理工伤保险行政案件若干问题的规定》也规定，由于不属于职工或者其近亲属自身原因超过工伤认定申请期限的，被耽误的时间不计算在工伤认定申请期限内。按照这一规定，有下列情形之一耽误申请时间的，应当认定为不属于职工或者其近亲属自身原因：（一）不可抗力；（二）人身自由受到限制；（三）属于用人单位原因；（四）社会保险行政部门登记制度不完善；（五）当事人对是否存在劳动关系申请仲裁、提起民事诉讼。

申请工伤认定时应提供哪些材料？

《工伤保险条例》第十八条规定，提出工伤认定申请应当提交下列材料：

（一）工伤认定申请表；

（二）与用人单位存在劳动关系（包括事实劳动关系）的证明材料；

（三）医疗诊断证明或者职业病诊断证明书（或者职业病诊断鉴定书）。

工伤认定申请表应当包括事故发生的时间、地点、原因以及职工伤害程度等基本情况。

工伤认定申请人提供材料不完整的，社会保险行政部门应当一次性书面告知工伤认定申请人需要补正的全部材料。申请人按照书面告知要求补正材料后，社会保险行政部门应当受理。

社会保险行政部门受理工伤认定材料时应补正材料的时限是多长？

按照《工伤保险条例》和《工伤认定办法》等规定，社会保险行政部门收到用人单位、工伤职工或者其近亲属、工会组织（以下简称申请人）的工伤认定申请后，应当在 15 日内进行审查。对于申请人提供的材料完整，属于社会保险行政部门管辖范围且在受理时效内的，应当受理；对于申请人提供材料不完整的，应当当场或者在 5 日内以书面形式一次性告知申请人需要补正的全部材料。

社会保险行政部门不予受理的，应当书面告知申请人不予受理的理由。

社会保险行政部门受理工伤认定申请后是否需要调查核实？

是的。《工伤保险条例》第十九条规定，社会保险行政部门受理工伤认定申请后，根据审核需要可以对事故伤害进行调查核实，用人单位、职工、工会组织、医疗机构以及有关部门应当予以协助。职业病诊断和诊断争议的鉴定，依照职业病防治法的有关规定执行。对依法取得职业病诊断证明书或者职业病诊断鉴定书的，社会保险行政部门不再进行调查核实。

社会保险行政部门应当如何对事故伤害进行调查核实？

《工伤认定办法》规定，社会保险行政部门受理工伤认定申请后，可以根据需要对申请人提供的证据进行调查核实。

社会保险行政部门进行调查核实，应当由两名以上工作人员共同进行，并出示执行公务的证件。

社会保险行政部门工作人员在工伤认定中，可以进行以下调查核实工作：

（一）根据工作需要，进入有关单位和事故现场；

（二）依法查阅与工伤认定有关的资料，询问有关人员并作出调查笔录；

（三）记录、录音、录像和复制与工伤认定有关的资料。调查核实工作的证据收集参照行政诉讼证据收集的有关规定执行。

社会保险行政部门工作人员进行调查核实时，有关单位和个人应当予以协助。用人单位、工会组织、医疗机构以及有关部门应当负责安排相关人员配合工作，据实提供情况和证明材料。

社会保险行政部门受理工伤认定申请后，可以根据工作需要，委托其他统筹地区的社会保险行政部门或者相关部门进行调查核实。

社会保险行政部门工作人员进行调查核实时，应当履行下列义务：

（一）保守有关单位商业秘密以及个人隐私；

（二）为提供情况的有关人员保密。

社会保险行政部门作出工伤认定和送达时限是多少？

为保证社会保险行政部门的工作效率，有效保护受伤职工的合法权益，安定民心，《工伤认定办法》规定，社会保险行政部门对于事实清楚、权利义务明确的工伤认定申请，应当自受理工伤认定申请之日起 15 日内作出工伤认定决定。

同时规定，社会保险行政部门应当自工伤认定决定作出之日起 20 日内，将《认定工伤决定书》或者《不予认定工伤决定书》送达受伤害职工（或者其近亲属）和用人单位，并抄送社会保险经办机构。

在哪些情形下工伤认定决定的时限中止？

作出工伤认定决定需要以司法机关或者有关行政主管部门的结论为依据的，在司法机关或者有关行政主管部门尚未作出结论期间，作出工伤认定决定的时限中止。

社会保险行政部门工作人员在工伤认定中是否需要回避？

是的。《工伤保险条例》规定，社会保险行政部门工作人员与工伤认定申请人有利害关系的，应当回避。

哪些情形社会保险行政部门不予受理工伤认定申请？

按照《工伤保险条例》和《工伤认定办法》等规定，在下列情形下社会保险行政部门不予受理工伤认定申请：

（一）用人单位、职工及其近亲属、工会组织超过规定时限提出工伤认定申请的；

（二）非法的用人单位和非法使用童工的用人单位，其雇用人员因工作遭受事故伤害或者患职业病的；

（三）离退休人员或者超过法定退休年龄的人员被用人单位聘用后，因工作遭受事故伤害或者因现工作岗位性质患职业病的。

《认定工伤决定书》或者《不予认定工伤决定书》应当载明哪些事项？

《工伤保险条例》和《工伤认定办法》等规定，社会保险行政部门应当自受理工伤认定申请之日起60日内作出工伤认定决定，出具《认定工伤决定书》或者《不予认定工伤决定书》。

《认定工伤决定书》应当载明下列事项：

（一）用人单位全称；

（二）职工的姓名、性别、年龄、职业、身份证号码；

（三）受伤害部位、事故时间和诊断时间或职业病名称、受伤害经过和核实情况、医疗救治的基本情况和诊断结论；

（四）认定工伤或者视同工伤的依据；

（五）不服认定决定申请行政复议或者提起行政诉讼的部门

和时限；

（六）作出认定工伤或者视同工伤决定的时间。

《不予认定工伤决定书》应当载明下列事项：

（一）用人单位全称；

（二）职工的姓名、性别、年龄、职业、身份证号码；

（三）不予认定工伤或者不视同工伤的依据；

（四）不服认定决定申请行政复议或者提起行政诉讼的部门和时限；

（五）作出不予认定工伤或者不视同工伤决定的时间。

《认定工伤决定书》和《不予认定工伤决定书》应当加盖社会保险行政部门工伤认定专用印章。

受伤害职工个人或者其近亲属提出工伤认定申请是否有时间要求？

《工伤认定办法》规定，用人单位未在规定的时限内提出工伤认定申请的，受伤害职工或者其近亲属、工会组织在事故伤害发生之日或者被诊断、鉴定为职业病之日起 1 年内，可以直接按照本办法第四条规定提出工伤认定申请。

也就是说，受伤害职工个人或者其近亲属提出工伤认定申请，应在事故发生之日或者被诊断、鉴定为职业病之日起 1 年内提出。超过 1 年的时限，社会保险行政部门就不能受理其提出的工伤认定申请。

工伤认定中单位与职工存在争议时，由谁承担举证责任？

在工伤认定中，不可避免地会存在单位与职工之间的争议，当职工认为是工伤时，单位可能不认为是工伤，个人认为是重伤的，单位有可能认为只是轻伤，根据《工伤保险条例》第十九条第二款规定，职工或者其近亲属认为是工伤，用人单位不认为是工伤的，由用人单位承担举证责任。

职工对工伤认定结论不服的怎么办？

工伤认定结论直接关系到受到伤害的职工是否能够享受工伤保险待遇，因此，《工伤保险条例》第五十五条第一项规定，申请工伤认定的职工或者其近亲属、该职工所在单位对工伤认定结论不服的，可以依法申请行政复议；对复议决定不服的，可以依法提起行政诉讼。同理，用人单位对社会保险行政部门作出的不予受理或是否属于工伤认定决定不服的，也可以依法申请行政复议，还可以依法向人民法院提起行政诉讼。

如何处理用人单位和职工之间就是否存在劳动关系（包括事实劳动关系）发生的争议？

根据《工伤保险条例》和《工伤认定办法》的规定，工伤认定申请人在申请工伤认定时，必须依法提交工伤职工与用人单位存在劳动关系（包括事实劳动关系）的证明材料。当用人单位和工伤职工之间就是否存在劳动关系（包括事实劳动关系）发生争议时，工伤认定机关应告知其按照《工伤保险条例》有关规定申请劳动争议仲裁。劳动争议仲裁期间，工伤认定申请及工伤认定时效中止。

《人力资源社会保障部关于执行〈工伤保险条例〉若干问题的意见》（人社部发〔2013〕34号）规定，社会保险行政部门受理工伤认定申请后，发现劳动关系存在争议且无法确认的，应告知当事人可以向劳动人事争议仲裁委员会申请仲裁。在此期间，作出工伤认定决定的时限中止，并书面通知申请工伤认定的当事人。劳动关系依法确认后，当事人应将有关法律文书送交受理工伤认定申请的社会保险行政部门，该部门自收到生效法律文书之日起恢复工伤认定程序。

退休返聘人员发生事故伤害，是否可认定为工伤?

随着我国经济的不断发展和医疗水平的不断提高，人的身体素质也越来越好，离退休人员再就业的现象也越来越多。但是用人单位聘用的离退休人员或已达到法定退休年龄的人员，因工作受到事故伤害时，不适用《工伤保险条例》，其待遇可按双方约定或相应法律、法规解决。因为用人单位与离退休人员之间的关系不属于劳动关系，而属于劳务关系。若在工作中受伤，不属工伤，但应按一般侵权关系处理，单位还应该承担赔偿责任。

但各地、各部门在这个问题上有不同的认识。2007 年 7 月 5 日，最高人民法院行政审判庭在给重庆市高级人民法院的《关于离退休人员与现工作单位之间是否构成劳动关系以及工作时间内受伤是否适用〈工伤保险条例〉问题的答复》(〔2007〕行他字第 6 号）中也明确，根据《工伤保险条例》第二条、第六十一条等有关规定，离退休人员受聘于现工作单位，……其在受聘期间因工作受到事故伤害的，应当适用《工伤保险条例》的有关规定处理。

劳务派遣工如何进行工伤认定?

《劳务派遣暂行规定》第十条明确，被派遣劳动者在用工单位因工作遭受事故伤害的，劳务派遣单位应当依法申请工伤认定，用工单位应当协助工伤认定的调查核实工作。劳务派遣单位承担工伤保险责任，但可以与用工单位约定补偿办法。

被派遣劳动者在申请进行职业病诊断、鉴定时，用工单位应当负责处理职业病诊断、鉴定事宜，并如实提供职业病诊断、鉴定所需的劳动者职业史和职业危害接触史、工作场所职业病危害因素检测结果等资料，劳务派遣单位应当提供被派遣劳动者职业病诊断、鉴定所需的其他材料。

用人单位注册地与生产经营地不在同一统筹地区的，工伤职工应当在哪里进行工伤认定和劳动能力鉴定？

《人力资源社会保障部关于执行〈工伤保险条例〉若干问题的意见（二）》（人社部发〔2016〕29号）规定，职工受到事故伤害或者患职业病后，在参保地进行工伤认定、劳动能力鉴定，并按照参保地的规定依法享受工伤保险待遇；未参加工伤保险的职工，应当在生产经营地进行工伤认定、劳动能力鉴定，并按照生产经营地的规定依法由用人单位支付工伤保险待遇。

因工伤认定申请人或者用人单位隐瞒有关情况或者提供虚假材料，导致工伤认定决定错误的应当如何处理？

《人力资源社会保障部关于执行〈工伤保险条例〉若干问题的意见（二）》（人社部发〔2016〕29号）规定，因工伤认定申请人或者用人单位隐瞒有关情况或者提供虚假材料，导致工伤认定决定错误的，社会保险行政部门发现后，应当及时予以更正。

如何填写工伤认定申请表？

按照有关规定，工伤认定申请人应按照以下要求填写工伤认定申请表：

（一）用钢笔或签字笔填写，字体工整清楚。

（二）申请人为用人单位的，在首页申请人处加盖单位公章。

（三）受伤害部位一栏填写受伤害的具体部位。

（四）诊断时间一栏，职业病患者，按职业病确诊时间填写；受伤或死亡的，按初诊时间填写。

（五）受伤害经过简述，应写明事故发生的时间、地点，当时所从事的工作，受伤害的原因以及伤害部位和程度。职业病患者应写明在何单位从事何种有害作业，起止时间，确诊结果。

（六）申请人提出工伤认定申请时，应当提交受伤害职工的居民身份证；医疗机构出具的职工受伤害时初诊诊断证明书，或者依法承担职业病诊断的医疗机构出具的职业病诊断证明书（或者职业病诊断鉴定书）；职工受伤害或者诊断患职业病时与用人单位之间的劳动、聘用合同或者其他存在劳动、人事关系的证明。

有下列情形之一的，还应当分别提交相应证据：

1. 职工死亡的，提交死亡证明；

2. 在工作时间和工作场所内，因履行工作职责受到暴力等意外伤害的，提交公安部门的证明或者其他相关证明；

3. 因工外出期间，由于工作原因受到伤害或者发生事故下落不明的，提交公安部门的证明或者相关部门的证明；

4. 上下班途中，受到非本人主要责任的交通事故或者城市轨道交通、客运轮渡、火车事故伤害的，提交公安机关交通管理部门或者其他相关部门的证明；

5. 在工作时间和工作岗位，突发疾病死亡或者在 48 小时之内经抢救无效死亡的，提交医疗机构的抢救证明；

6. 在抢险救灾等维护国家利益、公共利益活动中受到伤害的，提交民政部门或者其他相关部门的证明；

7. 属于因战、因公负伤致残的转业、复员军人，旧伤复发的，提交《革命伤残军人证》及劳动能力鉴定机构对旧伤复发的确认。

（七）申请事项栏，应写明受伤害职工或者其近亲属、工会组织提出工伤认定申请并签字。

（八）用人单位意见栏，应签署是否同意申请工伤，所填情况是否属实，经办人签字并加盖单位公章。

（九）社会保险行政部门审查资料和受理意见栏，应填写补正材料或是否受理的意见。

（十）此表一式两份，社会保险行政部门、申请人各留存一份。

附：

工伤认定申请表

申请人：

受伤害职工：

申请人与受伤害职工关系：

填表日期：　　年　月　日

职工姓名		性别		出生日期	年　月　日
身份证号码				联系电话	
家庭地址				邮政编码	
工作单位				联系电话	
单位地址				邮政编码	
职业、工种或工作岗位				参加工作时间	
事故时间、地点及主要原因				诊断时间	
受伤害部位				职业病名称	

（续表）

<table>
<tr><td>接触职业病危害岗位</td><td></td><td>接触职业病危害时间</td><td></td></tr>
<tr><td>受伤害经过简述（可附页）</td><td colspan="3"></td></tr>
<tr><td colspan="4">申请事项：
申请人签字：
年 月 日</td></tr>
<tr><td colspan="4">用人单位意见：
经办人签字
（公章）
年 月 日</td></tr>
<tr><td>社会保险行政部门审查资料和受理意见</td><td colspan="3">经办人签字：
年 月 日
负责人签字：
（公章）
年 月 日</td></tr>
<tr><td colspan="4">备注：</td></tr>
</table>

如何制作工伤认定申请受理决定书、工伤认定申请不予受理决定书、认定工伤决定书、不予认定工伤决定书？

《工伤认定申请受理决定书》、《工伤认定申请不予受理决定书》、《认定工伤决定书》、《不予认定工伤决定书》的样式由国务院社会保险行政部门统一制定，只要按照式样填写就可以了。四种决定书式样附后。

1. 工伤认定申请受理决定书

________：

你（单位）于______年____月____日提交________的工伤认定申请收悉。经审查，符合工伤认定受理的条件，现予受理。

（盖章）

年 月 日

注：本决定书一式三份，社会保险行政部门、职工或者其近亲属、用人单位各留存一份。

编号：

2. 工伤认定申请不予受理决定书

________：

你（单位）于______年____月____日提交________的工伤认定申请收悉。

经审查：____

____

____

____

不符合《工伤保险条例》第___条____________规定的受理条件，现决定不予受理。

如对本决定不服，可在接到决定书之日起60日内向______

申请行政复议，或者向人民法院提起行政诉讼。

（盖章）

年　月　日

注：本决定书一式三份，社会保险行政部门、职工或者其近亲属、用人单位各留存一份。

编号：

3. 认定工伤决定书

申请人：

职工姓名：　　　　性别：　　　年龄：

身份证号码：

用人单位：

职业 / 工种 / 工作岗位：

事故时间：　　　年　月　日

事故地点：

诊断时间：　　　年　月　日

受伤害部位 / 职业病名称：

受伤害经过、医疗救治的基本情况和诊断结论：

______年____月____日受理________的工伤认定申请后，根据提交的材料调查核实情况如下：

________同志受到的事故伤害（或患职业病），符合《工伤保险条例》第____条第____款第____项之规定，属于工伤认定范围，现予以认定（或视同）为工伤。

如对本工伤认定决定不服的，可自接到本决定书之日起60

日内向申请行政复议，或者向人民法院提起行政诉讼。

（工伤认定专用章）

年　月　日

注：本通知一式四份，社会保险行政部门、职工或者其近亲属、用人单位、社会保险经办机构各留存一份。

编号：

4. 不予认定工伤决定书

申请人：

职工姓名：　　　　性别：　　　年龄：

身份证号码：

用人单位：

职业 / 工种 / 工作岗位：

______ 年 ____ 月 ____ 日受理 ________ 的工伤认定申请后，根据提交的材料调查核实情况如下：

______ 同志受到的伤害，不符合《工伤保险条例》第十四条、第十五条认定工伤或者视同工伤的情形；或者根据《工伤保险条例》第十六条第 ____ 项之规定，属于不得认定或者视同工伤的情形。现决定不予认定或者视同工伤。

如对本工伤认定结论不服的，可自接到本决定书之日起 60 日内向 ______ 申请行政复议，或者向人民法院提起行政诉讼。

（工伤认定专用章）

年　月　日

第五编
劳动能力鉴定

什么是劳动能力鉴定？

能力，是指胜任某项任务的主观条件。劳动能力就是指人类进行劳动、工作的能力，包括体力劳动和脑力劳动的总和。劳动能力是劳动者生存和改善生存状况的基础。劳动能力丧失，是指全部或部分失去劳动的能力，无法从事劳动。但判定劳动能力是否真的丧失了，或丧失了多少，则需要劳动能力鉴定。

按照《工伤保险条例》的规定，劳动能力鉴定是指劳动功能障碍程度和生活自理障碍程度的等级鉴定。通俗地说，劳动能力鉴定是指由劳动能力鉴定机构依照法定标准和程序，运用医疗科学技术的方法和手段，对工伤职工遭受工伤损害而导致的残疾以及劳动能力减弱的状况作出的具有法律意义的专业性综合评定。一般来讲，工伤会导致两个方面的损害：一方面会削弱人的生理或者心理机能，甚至会使其部分机能不可逆转的丧失；另一方面，作为劳动者的人，工伤损害可能会导致其劳动能力削弱甚至全部丧失，使其在某种程度上不可能或者根本上不能够再通过劳动来维持生存或者改善生存状况。

根据《工伤保险条例》的规定，职工发生工伤，经治疗伤情相对稳定后存在残疾、影响劳动能力的，应当进行劳动能力鉴定。劳动能力鉴定的目的，在于确定工伤损害对工伤职工劳动能力的影响程度。劳动能力鉴定结论，是确定职工能否以及享受何种工伤保险待遇的基本依据。

劳动能力鉴定是工伤保险管理工作的基础，关系到工伤职工切身利益。各地要高度重视劳动能力鉴定工作，通过制定管理规范，建立管理队伍，改进管理方式，实现鉴定程序规范化、鉴定人员专业化、鉴定依据标准化。

劳动能力鉴定包括哪些方面的内容?

劳动能力鉴定包括劳动功能障碍程度和生活自理障碍程度两方面内容。其中，劳动功能障碍分为十个伤残等级，最重的为一级，最轻的为十级。生活自理障碍分为三个等级：生活完全不能自理、生活大部分不能自理和生活部分不能自理。

什么情况下工伤人员应进行劳动能力鉴定?

按照《工伤保险条例》的规定，工伤职工停工留薪期满，或经过治疗、康复伤情相对稳定后存在残疾、影响劳动能力的，应当进行劳动能力鉴定。

现行的劳动能力鉴定标准是什么?

按照《工伤保险条例》的规定，劳动能力鉴定标准由国务院社会保险行政部门会同国务院卫生行政部门等部门制定。

1996 年 3 月，国家技术监督局颁布的《职工工伤与职业病致残程度鉴定国家标准》(GB/T16180—1996)。2006 年，国家标准化管理委员会批准发布《劳动能力鉴定职工工伤与职业病致残等级》(GB/T16180—2006)，并于 2007 年 5 月 1 日实施。2014 年，国家质量监督检验检疫总局、国家标准化管理委员会批准发布了《劳动能力鉴定职工工伤与职业病致残等级》(GB/T16180—2014)，并于 2015 年 1 月 1 日实施。《劳动能力鉴定职工工伤与职业病致残等级》(GB/T16180—2014)就是现行的劳动能力鉴定标准。职工因工负伤或患职业病的职工伤残后，各级劳动能力鉴定委员会应当依据该标准对其丧失劳动能力的程度和护理依赖程度进行等级鉴定。

劳动功能障碍程度分为几级，都包括哪些内容？

《劳动能力鉴定职工工伤与职业病致残等级》（GB/T16180—2014）将工伤、职业病伤残程度分解为五个门类，划分为十个等级530个条目。该标准目前是工伤、职业病患者进行医学技术鉴定的准则和依据。该标准依据伤病者于医疗期满时的器官损伤、功能障碍及其对医疗与护理的依赖程度，适当考虑了由于伤残引起的社会心理因素影响，对伤残程度进行综合分级。按照该标准，劳动功能障碍程度共分为十级。

一级：器官缺失或功能完全丧失，其他器官不能代偿，存在特殊医疗依赖，或完全或大部分或部分生活自理障碍。

二级：器官严重缺损或畸形，有严重功能障碍或并发症，存在特殊医疗依赖，或大部分或部分生活自理障碍。

三级：器官严重缺损或畸形，有严重功能障碍或并发症，存在特殊医疗依赖，或部分生活自理障碍。

四级：器官严重缺损或畸形，有严重功能障碍或并发症，存在特殊医疗依赖，或部分生活自理障碍或无生活自理障碍。

五级：器官大部缺损或明显畸形，有较重功能障碍或并发症，存在一般医疗依赖，无生活自理障碍。

六级：器官大部缺损或明显畸形，有中等功能障碍或并发症，存在一般医疗依赖，无生活自理障碍。

七级：器官大部分缺损或畸形，有轻度功能障碍或并发症，存在一般医疗依赖，无生活自理障碍。

八级：器官部分缺损，形态异常，轻度功能障碍，存在一般医疗依赖，无生活自理障碍。

九级：器官部分缺损，形态异常，轻度功能障碍，无医疗依赖或者存在一般医疗依赖，无生活自理障碍。

十级：器官部分缺损，形态异常，无功能障碍，无医疗依赖或者存在一般医疗依赖，无生活自理障碍。

生活自理障碍分为几个等级，都包括哪些内容？

生活自理障碍是指工伤职工因为生活自理能力的减损或者丧失而对护理依赖的程度。生活自理障碍分为三个等级，即生活完全不能自理、生活大部分不能自理和生活部分不能自理。根据该标准的规定，生活自理的范围，包括进食，翻身，大、小便，穿衣、洗漱，自主行动五个方面。所谓生活完全不能自理，是指上述五项均需护理者；生活大部分不能自理，是指上述五项中三项需要护理者；生活部分不能自理，是指上述五项中一项需要护理者。

申请进行劳动能力鉴定应该具备哪些条件？

根据《工伤保险条例》的规定，申请劳动能力鉴定，需要具备以下几个前提性的条件：

（一）必须经过工伤认定，确认属于工伤。

只有经过劳动保障行政部门的工伤认定，确认属于工伤的，才可能申请劳动能力鉴定。工伤的认定，依照《工伤保险条例》和相关法规的规定进行。经过工伤认定，确认不属于工伤也不属于视同工伤的情形，谈不到依照《工伤保险条例》的有关规定申请劳动能力鉴定。

（二）必须是经过治疗，病情相对稳定。

只要经过治疗，并且病情相对稳定后，才可能谈得到对工伤职工进行劳动能力鉴定。否则，是难以保证工伤鉴定结论的科学性的。

（三）必须属于存在残疾、影响劳动能力的情形。

工伤保险制度的重要功能之一就是保障工伤职工获得经济

救助，如果工伤职工经过治疗后，身体完全康复，则没有必要使其享受工伤保险待遇的经济救助。

劳动能力鉴定的申请主体和受理机构是哪些?

《工伤保险条例》第二十三条规定，劳动能力鉴定由用人单位、工伤职工或者其近亲属向设区的市级劳动能力鉴定委员会提出申请，并提供工伤认定决定和职工工伤医疗的有关资料。

用人单位可以向设区的市级劳动能力鉴定委员会提出申请，并提供工伤认定决定和职工工伤医疗的有关资料。工伤认定决定，由劳动保障行政部门作出。职工工伤医疗的有关资料，包括职工遭受工伤事故损害以及患职业病情况的资料、医疗机构诊断的资料等。

工伤职工或者其近亲属也可以向设区的市级劳动能力鉴定委员会提出申请，同样也需要提供工伤认定决定和职工工伤医疗的有关资料。无论是由用人单位，还是由工伤职工或者其近亲属提出劳动能力鉴定的申请，二者的法律效果并没有什么不同。

什么是劳动能力鉴定委员会?

劳动能力鉴定委员会是劳动能力鉴定的法定组织机构。其设置和人员组成必须依照法律的规定进行，以保证劳动能力鉴定工作和鉴定结论的公平性、合理性和科学性。劳动能力鉴定委员会并不是按照行政区域划分而逐级设置，只有省、自治区、直辖市和设区的市才设置劳动能力鉴定委员会。按照《工伤保险条例》的规定，省、自治区、直辖市劳动能力鉴定委员会和设区的市级劳动能力鉴定委员会分别由省、自治区、直辖市和设区的市级社会保险行政部门、卫生行政部门、工会组织、经办机构代表以及用人单位代表组成。同时，劳动能力鉴定委员会建立医疗卫生专家库。

劳动能力鉴定委员会还设有办事机构，由专人负责委员会的日常工作。

劳动能力鉴定委员会承担哪些确认工作?

按照有关规定，参考各地实际情况，劳动能力鉴定委员会主要承担以下工作：

（一）工伤职工伤残等级鉴定；

（二）护理依赖等级鉴定；

（三）延长停工留薪期确认；

（四）配置辅助器具确认；

（五）工伤直接导致疾病确认；

（六）供养亲属完全丧失劳动能力鉴定；

（七）其他受委托进行的劳动能力鉴定。

医疗卫生专业技术人员列入医疗卫生专家库的条件是什么?

《工伤保险条例》规定，劳动能力鉴定委员会建立医疗卫生专家库。列入专家库的医疗卫生专业技术人员应当具备下列条件：

（一）具有医疗卫生高级专业技术职务任职资格。

这里所说的"医疗卫生高级专业技术职务任职资格"，一方面强调专业领域，即医疗卫生领域；另一方面强调该技术人员在专业领域内的技术水平，即具备高级专业技术任职资格，也就是我们通常所说的"副高"以上的职称。

（二）掌握劳动能力鉴定的相关知识。

劳动能力鉴定工作是一项技术性、政策性极强的工作。列入专家库的医疗卫生专业技术人员的主要责任是形成鉴定意见，而鉴定意见会成为劳动能力鉴定委员会作出工伤职工劳动能力鉴定结论的根据。所以，这些专业技术人员应当掌握劳动能力鉴定的知识。

（三）具有良好的职业道德。

除了所属专业领域，具备专业技术水平和劳动鉴定相关知识外，列入专家库的专家，还必须具备良好的职业道德和操守。如果缺乏良好的职业道德，就可能导致专家组形成的鉴定意见出现随意性，甚至出具不科学的、错误的鉴定意见，而这又会直接影响鉴定结论的正确性、合理性。

人力资源和社会保障部还要求，劳动能力鉴定委员会要按照《工伤保险条例》要求建立医疗卫生专家库。专家库的建立要保证一定的数量和专业类别，满足劳动能力鉴定的专业要求和技术要求。劳动能力鉴定委员会作出鉴定结论要充分尊重专家组的鉴定意见，切实保证鉴定结论的客观、公正、准确。

作出劳动能力鉴定结论需要经过哪些步骤和程序？

设区的市级劳动能力鉴定委员会作出劳动能力鉴定结论，需要经过以下步骤和程序：

（一）申请。

劳动能力鉴定的申请由用人单位、工伤职工或者其近亲属向设区的市的劳动能力鉴定委员会提出。劳动能力鉴定委员会收到申请后，审查申请人是否按规定提交了各种资料。如果资料提交不全的，可以要求申请人补充。

（二）组成专家组，并由专家组出具鉴定意见。

设区的市级劳动能力鉴定委员会收到劳动能力鉴定申请后，应当从其建立的医疗卫生专家库中随机抽取 3 名或者 5 名相关专家组成专家组，由专家组提出鉴定意见。专家组的形成，一是要体现随机性，二是要保证其人数为单数。这样规定的目的，一是为了保证专家组组成的公平性，二是为了保证其形成鉴定结论的可能性。专家组出具鉴定意见，应该按照组成人员的一致意见或者按照多数意见作出。

（三）根据鉴定意见，作出鉴定结论。

设区的市级劳动能力鉴定委员会，根据专家组的鉴定意见作出工伤职工劳动能力鉴定结论。劳动能力鉴定委员会作出鉴定结论应该充分尊重专家组的鉴定意见，以切实保证其鉴定结论的客观、公正、准确。

另外，考虑到劳动能力鉴定的复杂性，《工伤保险条例》规定，必要时，劳动能力鉴定委员会可以委托具备资格的医疗机构协助进行有关的诊断，以保障其作出的鉴定结论的科学性。所说的必要时，是指专家组不能形成多数意见，无法出具鉴定结论的情形。是否必要，由劳动鉴定委员会决定。

劳动能力鉴定委员会应当在多长时间内作出劳动能力鉴定结论？

《工伤保险条例》规定，设区的市级劳动能力鉴定委员会应当自收到劳动能力鉴定申请之日起 60 日内作出劳动能力鉴定结论，必要时，作出劳动能力鉴定结论的期限可以延长 30 日。劳动能力鉴定结论应当及时送达申请鉴定的单位和个人。

对劳动能力鉴定结论不服的应该如何处理？

首先，申请鉴定的单位或者个人对设区的市级劳动能力鉴定委员会作出的鉴定结论不服的，可以在收到该鉴定结论之日起 15 日内向省、自治区、直辖市劳动能力鉴定委员会提出再次鉴定申请。

其次，省、自治区、直辖市劳动能力鉴定委员会作出的劳动能力鉴定结论为最终结论。这里所说的最终结论，是指省级劳动鉴定委员会作出的劳动能力鉴定结论的确定性，该结论不具备可复议性或者可诉性。

如何申请劳动能力复查鉴定?

工伤对职工劳动能力的影响及其影响的程度，可能表现为一个相当复杂的过程。虽然按照规定应当在经过治疗病情相对稳定后，才可以进行劳动能力鉴定，仍然不能排除随着时间的推移而发生的工伤职工伤残程度的变化。因此，《工伤保险条例》规定，自劳动能力鉴定结论作出之日起 1 年后，工伤职工或者其近亲属、所在单位或者经办机构认为伤残情况发生变化的，可以申请劳动能力复查鉴定。应该明确的是，劳动能力复查鉴定的申请，需要在劳动能力鉴定结论作出之日起 1 年后提出，期间上没有其他的限制。劳动能力复查鉴定，同样属于劳动能力鉴定的范畴，在没有特别规定的情况下，应该适用《工伤保险条例》及相关规章关于劳动能力鉴定的规定。

作出劳动能力再次鉴定和复查鉴定结论的时限是多少?

《工伤保险条例》规定，劳动能力鉴定委员会依照本条例的规定进行再次鉴定和复查鉴定的期限，依照本条例第二十五条第二款的规定执行，即劳动能力鉴定委员会应当自收到劳动能力鉴定申请之日起 60 日内作出劳动能力鉴定结论，必要时，作出劳动能力鉴定结论的期限可以延长 30 日。

如何理解劳动能力鉴定中的回避制度?

劳动能力鉴定是确定工伤职工伤残程度和丧失劳动能力程

度的一种综合评定，劳动能力鉴定结论是工伤职工享受工伤保险待遇的依据。因此，劳动能力鉴定能否做到客观、公正，对保障伤残、病残职工的合法权益至关重要。在劳动能力鉴定中设定回避制度，正是为了避免在鉴定过程中出现利用个人关系作出虚假鉴定，损害工伤职工或社会保险经办机构的合法权益。

为确保劳动能力鉴定工作的客观、公正，经当事人申请，对与当事人或申请人有利害关系的劳动能力鉴定委员会成员或者参加鉴定的医疗专家，要求其回避，不得参与劳动能力鉴定工作。这里的利害关系是指劳动能力鉴定委员会成员或者参加鉴定的医疗专家与当事人有亲属关系、同学关系、同乡关系或有直接的财产关系。

劳动能力鉴定所需费用由谁负担?

按照社会保险法的规定，参加工伤保险的，劳动能力鉴定所需费用，由工伤保险基金支付。未参加工伤保险的，由受伤职工所在单位支付。用人单位或者个人申请再次鉴定的，由申请方预交鉴定费，再次鉴定与初次鉴定结论一致的，或者再次鉴定结论丧失劳动能力的原因与工伤无因果关系的，鉴定费用由申请方承担；再次鉴定结论与初次鉴定结论不一致的，鉴定费用由其统筹地区的工伤保险基金支付。

对劳动能力鉴定的组织或者个人在劳动能力鉴定中的违规行为如何处置?

《工伤保险条例》第六十一条规定，从事劳动能力鉴定的组织或者个人有下列情形之一的，由社会保险行政部门责令改正，处 2000 元以上 1 万元以下的罚款；情节严重，构成犯罪的，依法追究刑事责任：

（一）提供虚假鉴定意见的；

（二）提供虚假诊断证明的；

（三）收受当事人财物的。

如何处理新旧劳动能力鉴定标准衔接问题？

《劳动能力鉴定职工工伤与职业病致残等级》（GB/T16180—2014）（以下简称“新标准”）已由国家质量监督检验检疫总局、国家标准化管理委员会批准发布，并于2015年1月1日实施。为实现新旧标准平稳过渡，人力资源和社会保障部下发了《关于实施修订后劳动能力鉴定标准有关问题处理意见的通知》（人社部发〔2014〕81号），提出了如下衔接意见：

一、新标准实施后，对依照《工伤保险条例》规定提出的初次劳动能力鉴定申请，劳动能力鉴定委员会应当按照新标准进行鉴定。

二、新标准实施前，已依照《工伤保险条例》规定提出初次劳动能力鉴定申请但尚未作出鉴定结论的，劳动能力鉴定委员会应当按照新标准进行鉴定。若因标准发生变化导致鉴定级别低于原标准的，按照就高原则作出鉴定结论。

三、新标准实施前已作出劳动能力鉴定结论，新标准实施后依照《工伤保险条例》规定提出劳动能力复查鉴定或者再次鉴定申请的，劳动能力鉴定委员会应当按照新标准进行鉴定。

四、按本通知第三条规定提出劳动能力复查鉴定及对复查鉴定结论不服提出再次鉴定申请，且鉴定级别发生变化的，工伤职工的伤残津贴和生活护理费自作出鉴定结论的次月起作相应调整，一次性伤残补助金不作调整。一次性伤残就业补助金和一次性工伤医疗补助金的计发标准，按与用人单位解除终止劳动关系前最后一次的鉴定结论确定。

第六编 工伤保险待遇

我国工伤保险待遇的种类和范围包括哪些?

我国工伤保险待遇是从传统的劳动保险制度中演变而来，并在实践中不断得到完善的。按照《工伤保险条例》的规定，我国工伤保险待遇的种类和范围包括以下几个方面：

（一）工伤医疗待遇。

工伤医疗待遇，即工伤职工在医疗期内所需要的费用，包括医疗费用和相关费用。《工伤保险条例》保留了若干工伤医疗期间的待遇，如伙食补助费，交通、食宿费用等，并且明确规定了这些费用由工伤基金支付。

（二）停工留薪待遇。

停工留薪待遇是《工伤保险条例》确立的一种新的工伤保险待遇。严格地讲，停工留薪待遇由用人单位负担，而不是由工伤保险基金支付，因此并不属于狭义的工伤保险待遇。可以认为，停工留薪待遇同样是从曾经存在的工伤津贴分化演变而来。停工留薪待遇，将工伤职工的工资福利待遇保持至工伤医疗期结束。此外，在此期间工伤职工需要护理的，护理费用由用人单位负担。

（三）因工伤残待遇。

因工伤残待遇是指职工因工负伤医疗终结后经劳动能力鉴定委员会作出劳动能力鉴定结论后，根据伤残程度和劳动能力减弱的程度而享受的工伤保险待遇。因工伤残待遇根据不同的情形，大致包括护理费、辅助器具费、一次性伤残补助金、定期性伤残津贴，以及一次性医疗补助金和就业补助金等待遇。

（四）因工死亡待遇。

因工死亡待遇是指职工因工伤事故直接导致死亡、停工医疗期间死亡或者因为旧伤复发死亡，而由社会保险经办机构支付给工伤职工所供养亲属的相关待遇。根据不同的情形，因工死亡待遇包括丧葬补助金、供养亲属抚恤金以及一次性工亡补助金等。

什么是工伤医疗待遇？

工伤医疗待遇，顾名思义，就是职工治疗工伤期间的待遇，包括事故伤害和患职业病。根据《工伤保险条例》的规定，工伤医疗待遇主要包括以下几个方面的内容：

（一）治疗工伤所需的诊疗费、药品费、住院服务费；

（二）康复性治疗的费用；

（三）根据需要安装假肢、矫形器、假眼、义齿和配置轮椅等辅助器具所需的费用；

（四）住院伙食补助费，到统筹地区以外就医的，所需交通、食宿费用从工伤保险基金中支付；

（五）停工留薪待遇；

（六）生活护理费。

其中，前四项费用，符合工伤保险有关规定的，从工伤保险基金中支付；第五项费用，由用人单位负担。最后一项费用，根据不同的情况由用人单位负担或者从工伤保险基金中支付。

职工治疗工伤应当到哪些医疗机构就医？

根据《工伤保险条例》的规定，职工治疗工伤应当在签订服务协议的医疗机构就医，情况紧急时可以先到就近的医疗机构急救。

签订服务协议的医疗机构，就是我们平常所说的“定点医院”。到签订服务协议的医疗机构就医，是我国从所谓的公费医疗到基本医疗保险管理上的一贯原则。工伤保险的定点医院，可以与基本医疗保险的定点医院不同。由于工伤的特殊性，特别是事故伤害的不可预见性和突发性，《工伤保险条例》明确规定，情况紧急的，职工可以先到就近的医疗机构救治。等到伤情稳定后，再转移到定点医院治疗。不得以必须到定点医院治疗为借口，延误最佳的急救时机。

职工享受工伤保险待遇需具备哪些条件?

职工享受工伤保险待遇需具备的条件：一是用人单位按规定参加工伤保险，按时为职工足额缴纳工伤保险费；二是职工因工作遭受事故伤害或者患职业病并经劳动行政部门认定为工伤。

治疗工伤所需的诊疗费、药品费、住院服务费等费用，在什么情况下从工伤保险基金中支付?

工伤保险基金存在一个支付能力的问题，而不是取之不尽、用之不竭的。为了保障工伤保险基金的支付能力，同时，也为了正确引导工伤职工看病就医，《工伤保险条例》规定，治疗工伤所需费用符合工伤保险诊疗项目目录、工伤保险药品目录、工伤保险住院服务标准的，从工伤保险基金中支付。

治疗工伤所需费用由工伤保险基金支付问题，是一项政策性、专业性都很强的工作。工伤的治疗，与其他工伤待遇不同，全国不应该有不同的标准。为了加强管理，保证把工伤职工的医疗费用落到实处，《工伤保险条例》规定，工伤保险诊疗项目目录、工伤保险药品目录、工伤保险住院服务标准，由国务院社会保险行政部门会同国务院卫生行政部门、食品药品监督管理部门等部门规定。

职工住院治疗工伤的伙食补助费，交通、食宿费用，在什么情况下从工伤保险基金中支付？

按照《工伤保险条例》规定，职工住院治疗工伤的伙食补助费，以及经医疗机构出具证明，报经办机构同意，工伤职工到统筹地区以外就医所需的交通、食宿费用从工伤保险基金中支付。也就是说，工伤职工到统筹地区以外就医所需的交通、食宿费用的报销要有医疗机构出具证明，并且要经过当地经办机构同意。需要注意的是，伙食补助费，交通、食宿费用的具体标准由统筹地区人民政府规定，所以各地的标准是不同的。

工伤职工治疗非工伤引发的疾病，能否享受工伤医疗待遇？

不能。《工伤保险条例》规定，工伤职工治疗非工伤引发的疾病，不享受工伤医疗待遇，按照基本医疗保险办法处理。之所以这样规定，是因为工伤职工治疗期间，其病情可能非常复杂，有时会同时治疗其他的疾病。这些疾病，有的是由于工伤引发的，有的则不是工伤引发的。这些疾病可能因为年老、身体虚弱或外界原因产生，也可能因为别的原因。比如，王某因工负伤，所在企业立即将他送往某医院进行紧急救治，医院在抢救过程中发现王某原来患有肝炎。那么，王某治疗肝炎就不能享受工伤医疗待遇，因为肝炎不是工伤引起的疾病，治疗肝炎应当按照基本医疗保险办法来处理。

工伤职工进行康复性治疗的费用，在什么情况下由工伤保险基金支付？

工伤职工在经过一段时期的治疗病情稳定后，有的时候还需要进行专门的康复性治疗，以使工伤职工从生理到心理最大限度地恢复到工伤发生之前。但是，这里所说的康复性治疗不是疗养，而是从医学角度来讲确有必要的、有针对性的治疗。《工伤保险条例》规定，工伤职工到签订服务协议的医疗机构进行工伤康复的费用，符合规定的，从工伤保险基金中支付。什么是符合规定的，具体地说，就是符合以下条件：

（一）康复性治疗是在签订服务协议的医疗机构进行的。一方面因为该医疗机构具备进行康复性治疗的能力和经验，有利于工伤职工接受及时、合理的治疗。另一方面，康复性治疗一般不存在情况紧急的情形，要求职工到签订服务协议的医疗机构治疗，有利于工伤治疗费用的管理，也不会对职工带来不便造成不良的影响。

（二）康复性治疗所需费用符合工伤保险诊疗项目目录、工伤保险药品目录、工伤保险住院服务标准。康复性治疗也是一种医学治疗，因此，与工伤治疗所需费用一样，符合工伤保险诊疗项目目录、工伤保险药品目录、工伤保险住院服务标准，才可以从工伤保险基金中支付。也就是说，康复性治疗费用的管理，与工伤治疗费用的管理，并没有什么区别。

社会保险行政部门作出认定为工伤的决定后发生行政复议、行政诉讼的，期间工伤职工医疗费用是否停止？

《工伤保险条例》第三十一条规定，社会保险行政部门作出认定为工伤的决定后发生行政复议、行政诉讼的，行政复议和行政诉讼期间不停止支付工伤职工治疗工伤的医疗费用。也就是说只要社会保险行政部门作出了工伤认定的决定，即使用人单位对此决定不服而提出行政复议或行政诉讼，但是在此期间职工治疗工伤的医疗费用还是要照样支付的。因为，《中华人民共和国行政诉讼法》第五十六条规定：“诉讼期间，不停止行政行为的执行。”

工伤职工安装和配置辅助器具需要符合什么条件？费用如何从工伤保险基金中支付？

《工伤保险条例》第三十二条规定，工伤职工因日常生活或者就业需要，经劳动能力鉴定委员会确认，可以安装假肢、矫形器、假眼、义齿和配置轮椅等辅助器具，所需费用按照国家规定的标准从工伤保险基金支付。也就是说，工伤职工安装假肢、矫形器、假眼、义齿和配置轮椅等辅助器具，费用从工伤保险基金中支付需要符合以下两个条件：

（一）因日常生活或者就业需要。职工因为工伤造成肢体或者器官残缺的，就有必要安装假肢、矫形器、假眼、义齿和配置轮椅等辅助器具。虽然恢复到原来的状况已经不可能，但应该尽可能地减轻工伤给他们的生活和就业带来的障碍。

（二）经劳动能力鉴定委员会确认。工伤职工是否安装假肢、矫形器、假眼、义齿和配置轮椅等辅助器具，应该经过劳动能力鉴定委员会的确认。也就是说，这一事项同样属于工伤保险待遇管理的范畴。

什么是停工留薪期？

停工留薪期是指职工因工作遭受事故伤害或者患职业病需要暂停工作接受工伤医疗的，原工资福利待遇不变并由所在单位按月支付的法定期限。根据《工伤保险条例》的规定，停工留薪期一般不超过 12 个月。伤情严重或者情况特殊，经设区的市级劳动能力鉴定委员会确认，可以适当延长，但延长不得超过 12 个月。即停工留薪期最长不超过 24 个月。

在停工留薪期内工伤职工能够享受哪些待遇？

《工伤保险条例》第三十三条规定，职工因工作遭受事故伤害或者患职业病需要暂停工作接受工伤医疗的，在停工留薪期内，原工资福利待遇不变，由所在单位按月支付。

法律这样规定可以有效地防止用人单位以所谓的内部规章制度为借口，减少工伤职工治疗期间的收入。

什么是生活护理费？

生活护理费是指工伤职工在停工留薪期间生活不能自理而需要护理的，以及工伤职工已经评定伤残等级并经劳动能力鉴定委员会确认需要生活护理的，从其所在单位获得的或从工伤保险基金中获得的支付生活护理所需的必要费用。工伤职工生活不能自理，接受护理是其基本人身权利的体现，也与工伤事故存在相当的因果关系，自然应当获得必要的赔偿。《工伤保险条例》关于停工留薪期间生活护理费的规定，有利于对工伤职工的保护。

生活护理费如何支付？

按照《工伤保险条例》的规定，生活护理费根据以下情形进行支付：

（一）停工留薪期间的生活护理费，由用人单位负担。《工伤保险条例》规定，生活不能自理的工伤职工在停工留薪期需要护理的，由所在单位负责。单位既可以安排专人照顾工伤职工，也可以支付一定的费用。

（二）已经评定伤残等级并经劳动能力鉴定委员会确认的生活护理费，从工伤保险基金中按月支付。《工伤保险条例》第三十四条规定，工伤职工已经评定伤残等级并经劳动能力鉴定委员会确认需要生活护理的，从工伤保险基金按月支付生活护理费。

（三）生活护理费分三个等级。生活护理费按照生活完全不能自理、生活大部分不能自理或者生活部分不能自理 3 个不同等级支付，其标准分别为统筹地区上年度职工月平均工资的 50%、40% 和 30%。

工伤复发确认需要治疗的，享受哪些待遇？

《工伤保险条例》第三十八条规定，工伤职工工伤复发，确认需要治疗的，享受本条例第三十条、第三十二条和第三十三条规定的工伤待遇。

也就是说，工伤职工工伤复发，经过确认需要治疗的，享受工伤医疗待遇。主要包括（1）治疗工伤所需的诊疗费、药品费、住院服务费；（2）康复性治疗的费用；（3）根据需要安装假肢、矫形器、假眼、义齿和配置轮椅等辅助器具所需的费用；（4）住院伙食补助费，到统筹地区以外就医的，所需交通、食宿费用从工伤保险基金中支付；（5）停工留薪待遇；（6）生活护理费等方面的待遇。具体标准和负担原则与工伤待遇一致。

应该说明的是，《工伤保险条例》虽然只对工伤复发工伤职工享受工伤医疗待遇的情形作了规定，但是，这并不影响已经鉴定为残疾的工伤职工的各项工伤残疾待遇。如果工伤职工工伤复发后，经过治疗，被鉴定为残疾或者被鉴定为新的伤残等级，则需按照鉴定后的伤残等级，享受相应的因工伤残待遇。

什么是因工伤残待遇？

因工伤残待遇是指职工因工受伤医疗终结，并经劳动能力鉴定机构作出劳动能力鉴定结论后，根据伤残程度和劳动能力下降程度而享受的工伤保险待遇，包括一次性伤残补助金、伤残津贴、一次性医疗补助金和就业补助金等。因工伤残待遇是在医疗终结后，才可享受的伤残待遇。该待遇不同于工伤医疗待遇。

什么是一次性伤残补助金？

一次性伤残补助金，是指根据伤残等级，按照工伤职工工资标准给予的一次性补助。一次性伤残补助金属于工伤保险所提供的物质帮助和经济补偿的性质，从工伤保险基金中支付。被鉴定为因工伤残的，职工均可以享受一次性伤残补助金。只是由于伤残等级的不同，一次性伤残补助金的数额会有所不同。一次性伤残补助金，对工伤职工而言，一方面是一种心理抚慰，另一方面对日后的生活也有一定的帮助。

需要注意的是，根据《工伤保险条例》第十五条的规定，职工原在军队服役，因战、因公负伤致残，已取得革命伤残军人证，到用人单位后旧伤复发的，视同工伤。这种视同工伤的情形，该职工不享受一次性伤残补助金的工伤保险待遇。

什么是伤残津贴？

伤残津贴是指以工伤职工工资的一定比例按月发放给职工的一种生活补助。伤残津贴对于工伤职工来说至关重要，是工伤职工日后生活的基本经济来源和依托。按照《工伤保险条例》的规定，被鉴定为一级至六级伤残的职工，享受伤残津贴待遇。伤残津贴从工伤保险基金中支付。

什么是一次性工伤医疗补助金？

一次性工伤医疗补助金，是指在工伤职工与用人单位解除劳动关系时，由工伤保险基金支付的，用于工伤职工继续就医的费用。因工伤事故导致劳动者伤残后，劳动关系可以依法解除或者终止，考虑到以后的就医及伤残会对工伤职工的生产劳动、日常生活造成的影响，这些影响又主要是由工伤事故导致的，因而应该给予一定程度的赔偿，其中包括一次性工伤医疗补助金。

《工伤保险条例》规定，被鉴定为五级至六级伤残等级工伤职工，经本人提出，该职工可以与用人单位解除或者终止劳动关系，由工伤保险基金支付一次性工伤医疗补助金。具体标准由省、自治区、直辖市人民政府规定。

职工被鉴定为七级至十级伤残的，劳动、聘用合同期满终止，或者职工本人提出解除劳动、聘用合同的，由工伤保险基金支付一次性工伤医疗补助金。具体标准由省、自治区、直辖市人民政府规定。

一次性工伤医疗补助金具体标准，各地差异较大。最高30多个月，最低只有几个月。

什么是一次性伤残就业补助金？

一次性伤残就业补助金，是指在工伤职工与用人单位解除劳动关系时，由用人单位支付的，用于工伤职工寻找新的就业岗位的费用。因工伤事故导致劳动者伤残后，劳动关系可以依法解除或者终止，考虑到伤残对工伤职工就业的影响，因而应该给予一定程度的赔偿。

《工伤保险条例》规定，被鉴定为五级至六级伤残等级工伤职工，经本人提出，该职工可以与用人单位解除或者终止劳动关系，由用人单位支付一次性伤残就业补助金。具体标准由省、自治区、直辖市人民政府规定。

职工被鉴定为七级至十级伤残的，劳动、聘用合同期满终止，或者职工本人提出解除劳动、聘用合同的，由用人单位支付一次性伤残就业补助金。具体标准由省、自治区、直辖市人民政府规定。

一次性伤残就业补助金具体标准，各地差异较大。最高 30 多个月，最低只有几个月。

职工在同一用人单位连续工作期间多次发生工伤的，如何计发一次性伤残就业补助金和一次性工伤医疗补助金？

按照《人力资源社会保障部关于执行〈工伤保险条例〉若干问题的意见》（社部发〔2013〕34 号）的规定，职工在同一用人单位连续工作期间多次发生工伤的，符合条例第三十六条、第三十七条规定领取相关待遇时，按照其在同一用人单位发生工伤的最高伤残级别，计发一次性伤残就业补助金和一次性工伤医疗补助金。

职工因工致残被鉴定为一级至四级伤残的，能否一次性领取全部工伤保险待遇？

为了保证伤残达到一级至四级工伤职工的合法权益，伤残为一级至四级的工伤职工，不能一次性领取全部工伤保险待遇，只能按月领取工伤保险定期待遇。

职工因工伤残被鉴定为一级伤残的，享受哪些因工伤残待遇？

根据国家质量监督检验检疫总局、国家标准化管理委员会批准发布的《劳动能力鉴定职工工伤与职业病致残等级》（GB/T16180—2014）确定的分级原则，一级伤残是指器官缺失或功能完全丧失，其他器官不能代偿，存在特殊医疗依赖，或完全或大部分或部分生活自理障碍。

按照《工伤保险条例》的规定，职工因工致残被鉴定为一级伤残的，享受以下待遇：

（一）保留劳动关系，退出工作岗位。

（二）从工伤保险基金中支付一次性伤残补助金，标准为 27 个月的本人工资。

（三）从工伤保险基金中按月支付伤残津贴，标准为本人工资的 90%。伤残津贴实际金额低于当地最低工资标准的，由工伤保险基金补足差额。

（四）工伤职工达到退休年龄并办理退休手续后，停发伤残津贴，按照国家有关规定享受基本养老保险待遇。基本养老保险待遇低于伤残津贴的，由工伤保险基金补足差额。

需要明确的是，职工因工致残被鉴定为一级伤残的，由用人单位和职工个人以伤残津贴为基数，缴纳基本医疗保险费。

什么是本人工资？

《工伤保险条例》第六十四条规定，本条例所称本人工资，是指工伤职工因工作遭受事故伤害或者患职业病前 12 个月平均月缴费工资。本人工资高于统筹地区职工平均工资 300% 的，按照统筹地区职工平均工资的 300% 计算；本人工资低于统筹地区职工平均工资 60% 的，按照统筹地区职工平均工资的 60% 计算。

职工因工伤残被鉴定为二级伤残的，享受哪些因工伤残待遇？

根据国家质量监督检验检疫总局、国家标准化管理委员会批准发布的《劳动能力鉴定职工工伤与职业病致残等级》（GB/T16180—2014）确定的分级原则，二级伤残是指器官严重缺损或畸形，有严重功能障碍或并发症，存在特殊医疗依赖，或大部分或部分生活自理障碍。

按照《工伤保险条例》的规定，职工因工致残被鉴定为二级的，享受以下待遇：

（一）保留劳动关系，退出工作岗位。

（二）从工伤保险基金中支付一次性伤残补助金。其标准为该职工 25 个月的本人工资。

（三）从工伤保险基金中按月支付伤残津贴。其标准为该职工本人工资的 85%。

如果伤残津贴实际金额低于当地最低工资标准的，由工伤保险基金补足差额。

（四）工伤职工达到退休年龄并办理退休手续后，停发伤残津贴，享受基本养老保险待遇。基本养老保险待遇低于伤残津贴的，由工伤保险基金补足差额。

需要明确的是，职工因工致残被鉴定为二级伤残的，由用人单位和职工个人以伤残津贴为基数，缴纳基本医疗保险费。

职工因工伤残被鉴定为三级伤残的，享受哪些因工伤残待遇？

根据国家质量监督检验检疫总局、国家标准化管理委员会批准发布的《劳动能力鉴定职工工伤与职业病致残等级》（GB/T16180—2014）确定的分级原则，三级伤残是指器官严重缺损或畸形，有严重功能障碍或并发症，存在特殊医疗依赖，或部分生活自理障碍。

按照《工伤保险条例》的规定，职工因工致残被鉴定为三级的，享受以下待遇：

（一）保留劳动关系，退出工作岗位。

（二）从工伤保险基金中支付一次性伤残补助金。其标准为该职工 23 个月的本人工资。

（三）从工伤保险基金中按月支付伤残津贴。其标准为该职工本人工资的 80%。

如果伤残津贴实际金额低于当地最低工资标准的，由工伤保险基金补足差额。

（四）工伤职工达到退休年龄并办理退休手续后，停发伤残津贴，享受基本养老保险待遇。基本养老保险待遇低于伤残津贴的，由工伤保险基金补足差额。

需要明确的是，职工因工致残被鉴定为三级伤残的，由用人单位和职工个人以伤残津贴为基数，缴纳基本医疗保险费。

职工因工伤残被鉴定为四级伤残的，享受哪些因工伤残待遇？

根据国家质量监督检验检疫总局、国家标准化管理委员会批准发布的《劳动能力鉴定职工工伤与职业病致残等级》（GB/T16180—2014）确定的分级原则，四级伤残是指器官严重缺损或畸形，有严重功能障碍或并发症，存在特殊医疗依赖，或部分生活自理障碍或无生活自理障碍。

按照《工伤保险条例》的规定，职工因工致残被鉴定为四级的，享受以下待遇：

（一）保留劳动关系，退出工作岗位。

（二）从工伤保险基金中支付一次性伤残补助金。其标准为该职工 21 个月的本人工资。

（三）从工伤保险基金中按月支付伤残津贴。其标准为该职工本人工资的 75%。

如果伤残津贴实际金额低于当地最低工资标准的，由工伤保险基金补足差额。

（四）工伤职工达到退休年龄并办理退休手续后，停发伤残津贴，享受基本养老保险待遇。基本养老保险待遇低于伤残津贴的，由工伤保险基金补足差额。

需要明确的是，职工因工致残被鉴定为四级伤残的，由用人单位和职工个人以伤残津贴为基数，缴纳基本医疗保险费。

职工因工伤残被鉴定为五级伤残的，享受哪些因工伤残待遇？

根据国家质量监督检验检疫总局、国家标准化管理委员会批准发布的《劳动能力鉴定职工工伤与职业病致残等级》（GB/T16180—2014）确定的分级原则，五级伤残是指器官大部缺损或明显畸形，有较重功能障碍或并发症，存在一般医疗依赖，无生活自理障碍。

按照《工伤保险条例》的规定，职工因工致残被鉴定为五级伤残的，享受以下待遇：

（一）从工伤保险基金中支付一次性伤残补助金，标准为18个月的本人工资。

（二）保留与用人单位的劳动关系，由用人单位安排适当工作。

（三）难以安排工作的，由用人单位按月发给伤残津贴，标准为本人工资的70%，并由用人单位按照规定为其缴纳应缴纳的各项社会保险费。伤残津贴实际金额低于当地最低工资标准的，由用人单位补足差额。

（四）经工伤职工本人提出，该职工可以与用人单位解除或者终止劳动关系，由工伤保险基金支付一次性工伤医疗补助金，由用人单位支付一次性伤残就业补助金。一次性工伤医疗补助金和一次性伤残就业补助金的具体标准由省、自治区、直辖市人民政府规定。

职工因工伤残被鉴定为六级伤残的，享受哪些因工伤残待遇？

根据国家质量监督检验检疫总局、国家标准化管理委员会批准发布的《劳动能力鉴定职工工伤与职业病致残等级》（GB/T16180—2014）确定的分级原则，六级伤残是指器官大部缺损或明显畸形，有中等功能障碍或并发症，存在一般医疗依赖，无生活自理障碍。

按照《工伤保险条例》的规定，职工因工致残被鉴定为六级伤残的，享受以下待遇：

（一）从工伤保险基金中支付一次性伤残补助金，标准为16个月的本人工资。

（二）保留与用人单位的劳动关系，由用人单位安排适当工作。

（三）难以安排工作的，由用人单位按月发给伤残津贴，标准为本人工资的60%，并由用人单位按照规定为其缴纳应缴纳的各项社会保险费。伤残津贴实际金额低于当地最低工资标准的，由用人单位补足差额。

（四）经工伤职工本人提出，该职工可以与用人单位解除或者终止劳动关系，由工伤保险基金支付一次性工伤医疗补助金，由用人单位支付一次性伤残就业补助金。一次性工伤医疗补助金和一次性伤残就业补助金的具体标准由省、自治区、直辖市人民政府规定。

职工因工伤残被鉴定为七级伤残的，享受哪些因工伤残待遇？

根据国家质量监督检验检疫总局、国家标准化管理委员会批准发布的《劳动能力鉴定职工工伤与职业病致残等级》（GB/T16180—2014）确定的分级原则，七级伤残是指器官大部分缺损或畸形，有轻度功能障碍或并发症，存在一般医疗依赖，无生活自理障碍。

按照《工伤保险条例》的规定，职工因工致残被鉴定为七级伤残的，享受以下待遇：

（一）从工伤保险基金中支付一次性伤残补助金，标准为13个月的本人工资。

（二）劳动、聘用合同期满终止，或者职工本人提出解除劳动、聘用合同的，由工伤保险基金支付一次性工伤医疗补助金，由用人单位支付一次性伤残就业补助金。一次性工伤医疗补助金和一次性伤残就业补助金的具体标准由省、自治区、直辖市人民政府规定。

职工因工伤残被鉴定为八级伤残的，享受哪些因工伤残待遇？

根据国家质量监督检验检疫总局、国家标准化管理委员会批准发布的《劳动能力鉴定职工工伤与职业病致残等级》（GB/T16180—2014）确定的分级原则，八级伤残是指器官部分缺损，形态异常，轻度功能障碍，存在一般医疗依赖，无生活自理障碍。

按照《工伤保险条例》的规定，职工因工致残被鉴定为八级伤残的，享受以下待遇：

（一）从工伤保险基金中支付一次性伤残补助金，标准为11个月的本人工资。

（二）劳动、聘用合同期满终止，或者职工本人提出解除劳动、聘用合同的，由工伤保险基金支付一次性工伤医疗补助金，由用人单位支付一次性伤残就业补助金。一次性工伤医疗补助金和一次性伤残就业补助金的具体标准由省、自治区、直辖市人民政府规定。

职工因工伤残被鉴定为九级伤残的，享受哪些因工伤残待遇？

根据国家质量监督检验检疫总局、国家标准化管理委员会批准发布的《劳动能力鉴定职工工伤与职业病致残等级》（GB/T16180—2014）确定的分级原则，九级伤残是指器官部分缺损，形态异常，轻度功能障碍，无医疗依赖或者存在一般医疗依赖，无生活自理障碍。

按照《工伤保险条例》的规定，职工因工致残被鉴定为九级伤残的，享受以下待遇：

（一）从工伤保险基金中支付一次性伤残补助金，标准为9个月的本人工资。

（二）劳动、聘用合同期满终止，或者职工本人提出解除劳动、聘用合同的，由工伤保险基金支付一次性工伤医疗补助金，由用人单位支付一次性伤残就业补助金。一次性工伤医疗补助金和一次性伤残就业补助金的具体标准由省、自治区、直辖市人民政府规定。

职工因工伤残被鉴定为十级伤残的，享受哪些因工伤残待遇？

根据国家质量监督检验检疫总局、国家标准化管理委员会批准发布的《劳动能力鉴定职工工伤与职业病致残等级》（GB/T16180—2014）确定的分级原则，十级伤残是指器官部分缺损，形态异常，无功能障碍，无医疗依赖或者存在一般医疗依赖，无生活自理障碍。

按照《工伤保险条例》的规定，职工因工致残被鉴定为十级伤残的，享受以下待遇：

（一）从工伤保险基金中支付一次性伤残补助金，标准为7个月的本人工资。

（二）劳动、聘用合同期满终止，或者职工本人提出解除劳动、聘用合同的，由工伤保险基金支付一次性工伤医疗补助金，由用人单位支付一次性伤残就业补助金。一次性工伤医疗补助金和一次性伤残就业补助金的具体标准由省、自治区、直辖市人民政府规定。

什么是因工死亡待遇?

因工死亡待遇是指工伤职工因工伤事故或者患职业病直接导致死亡、停工留薪期间死亡、一级至四级伤残职工死亡以及工伤职工被宣告死亡的，该工伤职工的近亲属可以享受的待遇。因工死亡待遇主要包括丧葬补助金、供养亲属抚恤金和一次性工亡补助金。

什么是丧葬补助金?

丧葬补助金，是指工伤保险经办机构在职工因工死亡后对其丧葬费用给予的补助。丧葬补助金由工伤保险基金支付。

什么是供养亲属抚恤金?

供养亲属抚恤金，又称为死亡抚恤金，是指工伤保险经办机构在职工因工死亡后，按照该职工生前工资的一定比例而定期发放给工伤职工生前提供主要生活来源、无劳动能力的近亲属维持基本生活等费用的补偿。职工因工死亡，使得由其提供主要生活来源、无劳动能力的亲属丧失了生活来源，基本生活难以维系，造成这种状况的直接原因就是工伤事故，因此其近亲属应当得到赔偿。

什么是一次性工亡补助金?

一次性工亡补助金，是指工伤保险经办机构支付给因工死亡职工的近亲属的补偿。一次性工亡补助金标准为上一年度全国城镇居民人均可支配收入的 20 倍。

职工因工死亡，其近亲属可以享受哪些待遇?

《工伤保险条例》第三十九条规定，职工因工死亡，其近亲属按照下列规定从工伤保险基金中领取丧葬补助金、供养亲属抚恤金和一次性工亡补助金：

（一）丧葬补助金为6个月的统筹地区上年度职工月平均工资。

（二）供养亲属抚恤金按照职工本人工资的一定比例发给由因工死亡职工生前提供主要生活来源、无劳动能力的亲属。标准为：配偶每月40%，其他亲属每人每月30%，孤寡老人或者孤儿每人每月在上述标准的基础上增加10%。核定的各供养亲属的抚恤金之和不应高于因工死亡职工生前的工资。

（三）一次性工亡补助金标准为上一年度全国城镇居民人均可支配收入的20倍。

因工死亡职工供养的近亲属指哪些人？

按照原劳动和社会保障部《因工死亡职工供养亲属范围规定》的规定，因工死亡职工供养亲属，是指该职工的配偶、子女、父母、祖父母、外祖父母、孙子女、外孙子女、兄弟姐妹。

这里所说的子女，包括婚生子女、非婚生子女、养子女和有抚养关系的继子女，其中，婚生子女、非婚生子女包括遗腹子女；父母，包括生父母、养父母和有抚养关系的继父母；兄弟姐妹，包括同父母的兄弟姐妹、同父异母或者同母异父的兄弟姐妹、养兄弟姐妹、有抚养关系的继兄弟姐妹。

因工死亡职工供养的近亲属在什么条件下可申请供养亲属抚恤金？

因工死亡职工供养亲属领取抚恤金，需要同时符合以下两个条件：

（一）由因工死亡职工生前提供主要生活来源。

是否由因工死亡职工生前提供主要生活来源，需要具体问题具体分析，由社会保险经办机构经办具体案件时进行调查核实。

（二）无劳动能力。

根据《因工死亡职工供养亲属范围规定》的规定，属于以下情形之一的，可以认定为该工亡职工供养亲属无劳动能力：

（1）完全丧失劳动能力的；

（2）工亡职工配偶男年满 60 周岁、女年满 55 周岁的；

（3）工亡职工父母男年满 60 周岁、女年满 55 周岁的；

（4）工亡职工子女未满 18 周岁的；

（5）工亡职工父母均已死亡，其祖父、外祖父年满 60 周岁，祖母、外祖母年满 55 周岁的；

（6）工亡职工子女已经死亡或完全丧失劳动能力，其孙子女、外孙子女未满 18 周岁的；

（7）工亡职工父母均已死亡或完全丧失劳动能力，其兄弟姐妹未满 18 周岁的。

因工死亡职工供养亲属的劳动能力鉴定，由因工死亡职工生前单位所在地设区的市级劳动能力鉴定委员会负责。

因工死亡职工供养亲属在什么情况下停止享受供养亲属抚恤金？

领取抚恤金人员有下列情形之一的，停止享受抚恤金待遇：

（一）年满 18 周岁且未完全丧失劳动能力的；

（二）就业或参军的；

（三）工亡职工配偶再婚的；

（四）被他人或组织收养的；

（五）死亡的。

另外，根据规定，领取抚恤金的人员，在被判刑收监执行期间，停止享受抚恤金待遇。刑满释放仍符合领取抚恤金资格的，按规定的标准享受抚恤金。

伤残职工在停工留薪期内因工伤导致死亡的，其近亲属享受哪些待遇？

按照《工伤保险条例》的规定，伤残职工在停工留薪期内因工伤导致死亡的，其近亲属享受的待遇，与职工直接因工死亡，其近亲属享受的待遇相同，同样包括按照规定从工伤保险基金领取丧葬补助金、供养亲属抚恤金和一次性工亡补助金。其标准为：

（一）丧葬补助金为6个月的统筹地区上年度职工月平均工资。

（二）供养亲属抚恤金按照职工本人工资的一定比例发给由因工死亡职工生前提供主要生活来源、无劳动能力的亲属。标准为：配偶每月40%，其他亲属每人每月30%，孤寡老人或者孤儿每人每月在上述标准的基础上增加10%。核定的各供养亲属的抚恤金之和不应高于因工死亡职工生前的工资。

（三）一次性工亡补助金标准为上一年度全国城镇居民人均可支配收入的20倍。

一级至四级伤残职工在停工留薪期满后死亡的，其近亲属可以享受哪些待遇？

根据《工伤保险条例》的规定，一级至四级伤残职工在停工留薪期满后死亡的，其近亲属可以享受除了一次性工亡补助金以外的待遇，具体包括丧葬补助金、供养亲属抚恤金。《工伤保险条例》的规定，充分体现了社会对一级至四级伤残职工的近亲属的关心和照顾，也可以使得工伤职工在有生之年，不必过分担忧其供养亲属的未来基本生活的维持。丧葬补助金、供养亲属抚恤金的标准为：

（一）丧葬补助金为 6 个月的统筹地区上年度职工月平均工资。

（二）供养亲属抚恤金按照职工本人工资的一定比例发给由因工死亡职工生前提供主要生活来源、无劳动能力的亲属。标准为：配偶每月 40%，其他亲属每人每月 30%，孤寡老人或者孤儿每人每月在上述标准的基础上增加 10%。核定的各供养亲属的抚恤金之和不应高于因工死亡职工生前的工资。

如何理解工伤保险待遇的调整？

工伤保险待遇是社会保险待遇的一种，工伤保险属于社会保障体系的范畴。社会保障水平应该随着社会发展水平的提高而提高，工伤保险待遇也就不可能一成不变。工伤保险待遇的适当调整既是社会发展的要求，也是工伤保险作为社会保险的属性所决定的。整体上，工伤保险待遇中的工伤医疗待遇，其目的在于保障工伤职工获得医疗救助，本身不存在调整的必要；因工伤残待遇、因工死亡待遇中的一次性补助性质的待遇也没有调整的必要，如果确认其具有可调整性，实践中的操作难度较大，甚至可能会影响工伤保险基金的支付能力。有必要进行调整的，是工伤保险待遇中以保障工伤职工及其供养亲属基本生活需要为目的的具有定期给付性质的待遇，如伤残津贴等。

《工伤保险条例》第四十条规定：伤残津贴、供养亲属抚恤金、生活护理费由统筹地区社会保险行政部门根据职工平均工资和生活费用变化等情况适时调整。调整办法由省、自治区、直辖市人民政府规定。也就是说，在我国目前的工伤保险待遇中，可以调整的待遇包括伤残津贴、供养亲属抚恤金和生活护理费。伤残津贴、供养亲属抚恤金最初确定的金额以工伤职工本人的工资为计算基数，生活护理费以统筹地区上年度职工月平均工资为计算基数。随着社会生活水平的提高特别是统筹地区的平均工资水平、物价指数的上涨，最初确定的金额可能不能满足工伤职工及其供养亲属维持基本生活的需要。如果工伤保险待遇不能随着社会经济发展而适时调整，工伤保险制度就不能发挥其应有的制度价值。考虑到工伤保险基金以统筹地区为单位建立，《工伤保险条例》授权省级人民政府制定具体的调整办法，由统筹地区社会保险行政部门根据职工平均工资和生活费用变化等情况适时调整。

职工因工外出期间发生事故或者在抢险救灾中下落不明的，应该如何处理？

如果职工因工外出期间发生事故或者在抢险救灾中下落不明的，根据《工伤保险条例》的规定，应当按照以下的程序处理：

（一）从事故发生当月起3个月内照发工资。这3个月的工资，应当由用人单位支付给该职工的近亲属。

（二）从第4个月起停发工资，由工伤保险基金向其供养亲属按月支付供养亲属抚恤金。此时，该职工生还的可能性已经微乎其微。应该依照法律的规定，请求人民法院作出宣告该职工死亡的判决。宣告死亡属于民事法律的范畴，涉及一系列法律关系的变动。但是，从工伤保险制度的角度来看，事实上视为该职工已经死亡。

（三）职工近亲属生活有困难的，可以预支一次性工亡补助金的50%。

（四）职工被人民法院宣告死亡的，其近亲属享受该职工因工死亡的待遇，包括领取丧葬补助金、供养亲属抚恤金和一次性工亡补助金。

需要提醒的是，职工被人民法院宣告死亡的，其近亲属有权享受的待遇，与民事赔偿不同。虽然丧葬费用事实上并未发生，但《工伤保险条例》仍然规定其近亲属可以领取丧葬补助金。

工伤职工在什么情形下停止享受工伤保险待遇?

工伤保险待遇不是绝对永久性的待遇，所谓“永久性待遇”“定期待遇”是相对于一次性待遇而言的。同时，不论享受永久性待遇还是一次性待遇，都必须符合法律规定的条件。工伤保险待遇大部分是从工伤保险基金中支付。工伤保险基金是社会保险基金的一种，必须合理使用，以保障其支付能力，而不允许个别人滥用。因此，《工伤保险条例》第四十二条明确规定工伤职工有以下情形之一的，停止享受工伤保险待遇：

（一）丧失享受待遇条件的。

享受工伤保险待遇必须符合法定条件，其反面，一旦丧失享受待遇条件，则不能继续享受工伤保险待遇。例如，工伤职工死亡，则不能继续享受伤残待遇。

（二）拒不接受劳动能力鉴定的。

劳动能力鉴定是工伤职工享受伤残待遇等工伤保险待遇的前提条件。在职工进行劳动能力鉴定之前，依法享受工伤医疗待遇。如果职工经过治疗病情已经相对稳定，而其拒绝依法接受劳动能力鉴定，则停止其工伤医疗保险待遇和其他待遇。

（三）拒绝治疗的。

虽然可以认为职工有权决定是否拒绝接受治疗，但是工伤职工拒绝治疗，与工伤保险待遇的享受乃至于工伤保险制度的目的完全背离。因此，针对工伤职工拒绝治疗的行为，法律规定停止其工伤保险待遇。

依规定停止支付工伤保险待遇的，在停止支付待遇的情形消失后是否可以补发？

可以。按照《人力资源社会保障部关于执行〈工伤保险条例〉若干问题的意见》（社部发〔2013〕34号）的规定，依据条例第四十二条的规定停止支付工伤保险待遇的，在停止支付待遇的情形消失后，自下月起恢复工伤保险待遇，停止支付的工伤保险待遇不予补发。

用人单位分立、合并、转让的，工伤保险责任应该如何承担？

《工伤保险条例》第四十三条规定，用人单位分立、合并、转让的，承继单位应当承担原用人单位的工伤保险责任；原用人单位已经参加工伤保险的，承继单位应当到当地经办机构办理工伤保险变更登记。

这里所说的保险责任，应该理解为主要包括两个方面：一是用人单位负担的保险待遇，如一次性就业补助金；二是为职工办理工伤保险并且依法缴纳工伤保险费用。

用人单位实行承包经营的，工伤保险责任应该如何承担？

根据《工伤保险条例》的规定，用人单位实行承包经营的，工伤保险责任由职工劳动关系所在单位承担。这里所说的保险责任，同样应该理解为主要包括两个方面：一是用人单位负担的保险待遇，二是为职工办理工伤保险并且依法缴纳工伤保险费用。

这里所说的职工劳动关系所在单位，应该理解为与职工签订劳动合同或者存在事实劳动关系的用人单位。实践中，用人单位实行承包经营的现象很多。如果仅仅是内部承包，本条的规定不存在问题。如果是所谓的外部承包，特别是由职工原来用人单位以外的其他单位承包经营，而职工又未与任何单位签订书面劳动合同时，则“劳动关系所在单位”，在认定上可能会存在一些困难。如果难以证明该职工究竟与那个单位是否存在事实劳动关系，应该认定由原来的用人单位承担工伤保险责任。

应该说明的是，实践中往往难以区分究竟是属于承包经营还是租赁经营，特别是用人单位实行所谓的外部承包的情形。此时，应该认为，纵然是采取租赁经营的名义，仍然可以适用《工伤保险条例》关于原用人单位承包经营保险责任承担的规定。

职工被借调期间受到工伤事故伤害的，工伤保险责任应该如何承担？

借调，在我国的企业用工中十分常见。被借调的职工在原单位的工资、奖金及福利待遇一般维持不变，包括工作考核、职务评定等一般也都在原单位进行。甚至可以认为，职工被借调到其他单位，就是完成原单位安排的工作任务。因此，《工伤保险条例》规定，职工被借调期间受到工伤事故伤害的，由原用人单位承担工伤保险责任，但原用人单位与借调单位可以约定补偿办法。这里所说的工伤保险责任，主要是指依法由用人单位负担的工伤保险待遇，如一次性就业补助金等待遇。

但职工毕竟是在借调单位遭受工伤事故伤害的，因此，《工伤保险条例》规定原用人单位与借调单位可以约定补偿办法。这种约定，事实上属于民事合同的性质，纵使单位之间没有约定，原单位也可以依据民事法律的规定和基本原则，请求借调单位承担相应的责任。

企业破产的，由该企业支付的工伤保险待遇费用应该如何处理？

用人单位负担的工伤保险待遇，对该单位的依赖性非常强，如果原来的用人单位不复存在，则工伤保险待遇就会出现“皮之不存，毛将焉附”的局面。因此，《工伤保险条例》规定，企业破产的，在破产清算时依法拨付应当由单位支付的工伤保险待遇费用。

职工被派遣出境工作，其工伤保险关系应该如何处理？

职工被派遣出境工作的，其工伤保险关系的处理，区分为以下两种情形：

第一种情形，依据前往国家或者地区的法律应当参加当地工伤保险的，参加当地工伤保险，其国内工伤保险关系中止。因为按照国际惯例，职工不能享受双重保险待遇。

第二种情形，不能参加当地工伤保险的，其国内工伤保险关系不中止。在这种情形下，如果职工发生工伤，按照国内法律的有关规定享受工伤保险待遇。

职工再次发生工伤，根据规定应当享受伤残津贴的，应当如何处理？

《工伤保险条例》规定，职工再次发生工伤，根据规定应当享受伤残津贴的，按照新认定的伤残等级享受伤残津贴待遇。如果职工原来的工伤被鉴定为伤残并且享受伤残津贴的，则停发原待遇，按照新认定的伤残等级，按照法定标准重新确定金额，享受新的伤残津贴待遇。

职工与两个或两个以上单位建立劳动关系，发生工伤后由哪个单位承担工伤保险责任？

《最高人民法院关于审理工伤保险行政案件若干问题的规定》规定，职工与两个或两个以上单位建立劳动关系，工伤事故发生时，职工为之工作的单位为承担工伤保险责任的单位。

单位指派到其他单位工作的职工因工伤亡的，由哪个单位承担工伤保险责任？

《最高人民法院关于审理工伤保险行政案件若干问题的规定》规定，单位指派到其他单位工作的职工因工伤亡的，指派单位为承担工伤保险责任的单位。

用工单位违反法律、法规规定将承包业务转包给不具备用工主体资格的组织或者自然人，发生工伤后由哪个单位承担工伤保险责任？

《最高人民法院关于审理工伤保险行政案件若干问题的规定》规定，用工单位违反法律、法规规定将承包业务转包给不具备用工主体资格的组织或者自然人，该组织或者自然人聘用的职工从事承包业务时因工伤亡的，用工单位为承担工伤保险责任的单位。但承担工伤保险责任的单位承担赔偿责任或者社会保险经办机构从工伤保险基金支付工伤保险待遇后，有权向相关组织、单位和个人追偿。

个人挂靠其他单位对外经营其聘用的人员因工伤亡的，由哪个单位承担工伤保险责任？

《最高人民法院关于审理工伤保险行政案件若干问题的规定》规定，个人挂靠其他单位对外经营，其聘用的人员因工伤亡的，被挂靠单位为承担工伤保险责任的单位。但承担工伤保险责任的单位承担赔偿责任或者社会保险经办机构从工伤保险基金支付工伤保险待遇后，有权向相关组织、单位和个人追偿。

无营业执照或者未经依法登记、备案的单位以及被依法吊销营业执照或者撤销登记、备案的单位的职工受到事故伤害或者患职业病的，如何处理？

《工伤保险条例》第六十六条规定，无营业执照或者未经依法登记、备案的单位以及被依法吊销营业执照或者撤销登记、备案的单位的职工受到事故伤害或者患职业病的，由该单位向伤残职工或者死亡职工的近亲属给予一次性赔偿，赔偿标准不得低于本条例规定的工伤保险待遇。

《工伤保险条例》同时规定，伤残职工或者死亡职工的近亲属就赔偿数额与单位发生争议的，按照处理劳动争议的有关规定处理。

用人单位使用童工造成童工伤残、死亡的，如何处理？

《工伤保险条例》第六十六条规定，用人单位不得使用童工。用人单位使用童工造成童工伤残、死亡的，由该单位向童工或者童工的近亲属给予一次性赔偿，赔偿标准不得低于本条例规定的工伤保险待遇。具体办法由国务院社会保险行政部门规定。

《工伤保险条例》同时规定，童工或者童工的近亲属就赔偿数额与单位发生争议的，按照处理劳动争议的有关规定处理。

一级至四级工伤职工死亡，其近亲属是否可以同时领取工伤保险待遇项目中的供养亲属抚恤金和职工基本养老保险待遇项目中的抚恤金？

不能同时领取。《人力资源社会保障部关于执行〈工伤保险条例〉若干问题的意见（二）》（人社部发〔2016〕29号）规定，一级至四级工伤职工死亡，其近亲属同时符合领取工伤保险丧葬补助金、供养亲属抚恤金待遇和职工基本养老保险丧葬补助金、抚恤金待遇条件的，由其近亲属选择领取工伤保险或职工基本养老保险的其中一种。

达到或超过法定退休年龄，但未办理退休手续继续在原用人单位工作期间受到事故伤害的，工伤保险责任由谁承担？

《人力资源社会保障部关于执行〈工伤保险条例〉若干问题的意见（二）》（人社部发〔2016〕29号）规定，达到或超过法定退休年龄，但未办理退休手续或者未依法享受城镇职工基本养老保险待遇，继续在原用人单位工作期间受到事故伤害或患职业病的，用人单位依法承担工伤保险责任。

用人单位招用超过法定退休年龄或已经领取城镇职工基本养老保险待遇的人员，在用工期间因工作原因受到事故伤害的，如何处理？

《人力资源社会保障部关于执行〈工伤保险条例〉若干问题的意见（二）》（人社部发〔2016〕29号）规定，用人单位招用超过法定退休年龄或已经领取城镇职工基本养老保险待遇的人员，在用工期间因工作原因受到事故伤害或患职业病的，如招用单位已按项目参保等方式为其缴纳工伤保险费的，应适用《工伤保险条例》。

如何理解《工伤保险条例》第六十二条规定的“新发生的费用”？

《工伤保险条例》第六十二条规定，用人单位依照本条例规定应当参加工伤保险而未参加的，由社会保险行政部门责令限期参加，补缴应当缴纳的工伤保险费，并自欠缴之日起，按日加收万分之五的滞纳金；用人单位参加工伤保险并补缴应当缴纳的工伤保险费、滞纳金后，由工伤保险基金和用人单位依照本条例的规定支付新发生的费用。

这里规定的“新发生的费用”，在实践中经常引起误解。因此，《人力资源社会保障部关于执行〈工伤保险条例〉若干问题的意见（二）》（人社部发〔2016〕29号）明确，《工伤保险条例》第六十二条规定的“新发生的费用”，是指用人单位参加工伤保险前发生工伤的职工，在参加工伤保险后新发生的费用。其中由工伤保险基金支付的费用，按不同情况予以处理：

（一）因工受伤的，支付参保后新发生的工伤医疗费、工伤康复费、住院伙食补助费、统筹地区以外就医交通食宿费、辅助器具配置费、生活护理费、一级至四级伤残职工伤残津贴，以及参保后解除劳动合同时的一次性工伤医疗补助金；

（二）因工死亡的，支付参保后新发生的符合条件的供养亲属抚恤金。

什么是非法用工单位伤亡人员？

非法用工单位伤亡人员，是指无营业执照或者未经依法登记、备案的单位以及被依法吊销营业执照或者撤销登记、备案的单位受到事故伤害或者患职业病的职工，或者用人单位使用童工造成的伤残、死亡童工。

前款所列单位必须按照《非法用工单位伤亡人员一次性赔偿办法》的规定向伤残职工或者死亡职工的近亲属、伤残童工或者死亡童工的近亲属给予一次性赔偿。

一次性赔偿包括哪些项目？

《非法用工单位伤亡人员一次性赔偿办法》规定，一次性赔偿包括受到事故伤害或者患职业病的职工或童工在治疗期间的费用和一次性赔偿金。一次性赔偿金数额应当在受到事故伤害或者患职业病的职工或童工死亡或者经劳动能力鉴定后确定。

劳动能力鉴定按照属地原则由单位所在地设区的市级劳动能力鉴定委员会办理。劳动能力鉴定费用由伤亡职工或童工所在单位支付。

职工或童工受到事故伤害或者患职业病，在劳动能力鉴定之前进行治疗期间的费用如何确定？

《非法用工单位伤亡人员一次性赔偿办法》规定，职工或童工受到事故伤害或者患职业病，在劳动能力鉴定之前进行治疗期间的生活费，按照统筹地区上年度职工月平均工资标准确定，医疗费、护理费、住院期间的伙食补助费以及所需的交通费等费用按照《工伤保险条例》规定的标准和范围确定，并全部由伤残职工或童工所在单位支付。

一次性赔偿金按什么标准支付？

《非法用工单位伤亡人员一次性赔偿办法》规定，一次性赔偿金按照以下标准支付：

一级伤残的为赔偿基数的 16 倍，二级伤残的为赔偿基数的 14 倍，三级伤残的为赔偿基数的 12 倍，四级伤残的为赔偿基数的 10 倍，五级伤残的为赔偿基数的 8 倍，六级伤残的为赔偿基数的 6 倍，七级伤残的为赔偿基数的 4 倍，八级伤残的为赔偿基数的 3 倍，九级伤残的为赔偿基数的 2 倍，十级伤残的为赔偿基数的 1 倍。

前款所称赔偿基数，是指单位所在工伤保险统筹地区上年度职工年平均工资。

受到事故伤害或者患职业病造成死亡的，如何处理？

《非法用工单位伤亡人员一次性赔偿办法》规定，受到事故伤害或者患职业病造成死亡的，按照上一年度全国城镇居民人均可支配收入的 20 倍支付一次性赔偿金，并按照上一年度全国城镇居民人均可支配收入的 10 倍一次性支付丧葬补助等其他赔偿金。

单位拒不支付一次性赔偿的，如何处理？

《非法用工单位伤亡人员一次性赔偿办法》规定，单位拒不支付一次性赔偿的，伤残职工或者死亡职工的近亲属、伤残童工或者死亡童工的近亲属可以向人力资源社会保障行政部门举报。经查证属实的，人力资源社会保障行政部门应当责令该单位限期改正。

离开工作岗位后被诊断或鉴定为职业病的，如何计发相关待遇？

《人力资源社会保障部关于执行〈工伤保险条例〉若干问题的意见》（人社部发〔2013〕34 号）规定，曾经从事接触职业病危害作业、当时没有发现罹患职业病、离开工作岗位后被诊断或鉴定为职业病的符合下列条件的人员，可以自诊断、鉴定为职业病之日起一年内申请工伤认定，社会保险行政部门应当受理：

（一）办理退休手续后，未再从事接触职业病危害作业的退休人员；（二）劳动或聘用合同期满后或者本人提出而解除劳动或聘用合同后，未再从事接触职业病危害作业的人员。

经工伤认定和劳动能力鉴定，前款第（一）项人员符合领取一次性伤残补助金条件的，按就高原则以本人退休前 12 个月平均月缴费工资或者确诊职业病前 12 个月的月平均养老金为基数计发。前款第（二）项人员被鉴定为一级至十级伤残、按条例规定应以本人工资作为基数享受相关待遇的，按本人终止或者解除劳动、聘用合同前12个月平均月缴费工资计发。

离退休人员返聘期间，以及大中专院校、技工学校、职业高中学生在用人单位实习期间发生伤亡事故的如何处理？

目前，对此国家没有明确规定。一些地方规定，由用人单位参照《工伤保险条例》或者《最高人民法院关于审理人身损害赔偿案件适用法律若干问题的解释》（法释〔2003〕20号）规定的赔偿标准，向伤亡人员支付有关待遇。双方事先有约定的，按照约定处理。

未参加工伤保险用人单位的职工发生工伤可否要求单位支付相关费用？

可以。《工伤保险条例》规定，用人单位依照本条例规定应当参加工伤保险而未参加的，由劳动保障行政部门责令改正；未参加工伤保险期间用人单位职工发生工伤的，由该用人单位按《工伤保险条例》规定的工伤保险待遇项目和标准支付费用。

《中华人民共和国社会保险法》第四十一条也规定，职工所在用人单位未依法缴纳工伤保险费，发生工伤事故的，由用人单位支付工伤保险待遇。用人单位不支付的，从工伤保险基金中先行支付。

伤残津贴和基本养老保险待遇如何衔接？

《中华人民共和国社会保险法》第四十条规定，工伤职工符合领取基本养老金条件的，停发伤残津贴，享受基本养老保险待遇。基本养老保险待遇低于伤残津贴的，从工伤保险基金中补足差额。

这条是关于伤残津贴和基本养老保险待遇如何衔接的规定。伤残津贴与养老保险待遇的衔接，是对伤残等级为一级至四级的工伤职工和五六级伤残职工中用人单位难以为其安排工作的工伤职工而言的。这部分工伤职工，已经完全丧失了劳动能力或难以找到合适的工作岗位，丧失了就业的条件，其基本生活依靠伤残津贴而非工资予以保障，因而产生了在退休后是继续享受伤残津贴，还是转而享受养老保险待遇的问题。其他的工伤职工，仍具有部分或大部分劳动能力，主要仍以工资收入保障其生活，工伤保险并不保障这些工伤职工的老年生活，他们退休后只能通过养老保险予以保障，因此，他们不存在伤残津贴与养老保险待遇的衔接问题。

工伤保险是对劳动者因遭受职业伤害而导致的劳动收入（包括福利待遇）的减少进行补偿，养老保险是对劳动者年老时的生活予以保障。从功能区分来说，工伤保险保障的是工伤职工退休前的生活，而养老保险则保障他们退休后的生活。在工伤职工达到退休年龄，有了其他制度的保障后，理应和其他退休人员一样按照规定领取养老保险待遇。为了保障制度的功能完整和良好衔接，社会保险法规定工伤职工符合领取基本养老金条件的，停发伤残津贴，享受基本养老保险待遇。对于五六级伤残职工，《工伤保险条例》明确规定用人单位应当为其缴纳各项社会保险费，工伤职工继续依法参加各项社会保险，其中也包括基本养老保险，因此，这部分工伤职工达到退休年龄后理应按照基本养老保险制度的规定，领取基本养老保险待遇，停发伤残津贴。依法领取伤残津贴的伤残职工在退休时如果未达到领取基本养老保险待遇的条件的，就继续享受工伤保险伤残津贴；如果达到领取基本养老保险待遇的条件的，就享受基本养老保险待遇。但是因为工伤职工被鉴定为一级至四级伤残后，只需要继续缴纳基本医疗保险费，不再缴纳基本养老保险费，因此，他们的基本养老保险缴费年限一般较短；而难以安排工作的五六级伤残职工以伤残津贴为缴费基数缴纳基本养老保险费，因此缴费一般比较少。按照少缴少得的原则，他们的养老保险待遇较低，可能会低于伤残津贴。为了保障他们在退休后能够维持原来的生活水平，社会保险法规定对于工伤职工退休后享受的基本养老保险待遇低于伤残津贴的，由工伤保险基金补足差额。

什么是工伤保险先行支付制度？

工伤保险先行支付制度，是指在工伤事故发生后，用人单位拒不支付或者无力支付未参保职工的工伤保险待遇时，由工伤保险基金先行支付，再由社会保险经办机构向用人单位追偿的制度。社会保险法第四十一条规定，职工所在用人单位未依法缴纳工伤保险费，发生工伤事故的，由用人单位支付工伤保险待遇。用人单位不支付的，从工伤保险基金中先行支付。从工伤保险基金中先行支付的工伤保险待遇应当由用人单位偿还。用人单位不偿还的，社会保险经办机构可以依照本法第六十三条的规定追偿。

社会保险法第四十二条规定，由于第三人的原因造成工伤，第三人不支付工伤医疗费用或者无法确定第三人的，由工伤保险基金先行支付。工伤保险基金先行支付后，有权向第三人追偿。

将用人单位不支付工伤保险待遇的风险从工伤职工身上转移到工伤保险基金上，由工伤保险基金先行支付，再向用人单位代为追偿的制度模式，既能够保障工伤职工的待遇支付，也能够有效促使用人单位履行义务。

核定工伤职工工伤保险待遇时上一年度相关数据尚未公布，如何处理？

《人力资源社会保障部关于执行〈工伤保险条例〉若干问题的意见》（人社部发〔2013〕34号）规定，核定工伤职工工伤保险待遇时，若上一年度相关数据尚未公布，可暂按前一年度的全国城镇居民人均可支配收入、统筹地区职工月平均工资核定和计发，待相关数据公布后再重新核定，社会保险经办机构或者用人单位予以补发差额部分。

职工与用人单位发生工伤待遇方面的争议应如何处理？

《工伤保险条例》第五十四条规定，职工与用人单位发生工伤待遇方面的争议，按照处理劳动争议的有关规定处理。

就非法用工单位伤亡人员一次性赔偿产生争议如何处置？

《非法用工单位伤亡人员一次性赔偿办法》规定，伤残职工或者死亡职工的近亲属、伤残童工或者死亡童工的近亲属就赔偿数额与单位发生争议的，按照劳动争议处理的有关规定处理。

用人单位、工伤职工或者其近亲属骗取工伤保险待遇的，如何处理？

《工伤保险条例》第六十条规定，用人单位、工伤职工或者其近亲属骗取工伤保险待遇，由社会保险行政部门责令退还，处骗取金额两倍以上五倍以下的罚款；情节严重，构成犯罪的，依法追究刑事责任。

第七编 工伤康复

什么是工伤康复？

工伤康复是指在工伤保险制度框架下，利用现代康复的理论和技术，为工伤残疾人员提供医疗康复、职业康复和社会康复等服务，最大限度地恢复和提高他们的身体功能和生活自理能力，尽可能恢复和提高伤残职工的职业劳动能力，让伤残职工全面回归社会和重返工作岗位的一项医疗服务。工伤康复也是社会工伤保险的三大职能之一。

工伤康复包括哪些内容？

工伤康复包括医疗康复、职业康复和社会康复。医疗康复是保证工伤职工全面康复的前提和基础；职业康复是医疗康复的发展和完善，是帮助工伤职工保持和恢复适当职业能力的必要途径，是开展工伤康复的核心；社会康复则是帮助工伤职工回归社会的重要措施。

开展工伤康复有哪些意义？

工伤不仅严重影响了工伤职工个人及家庭生活，也造成了大量社会劳动力的丧失，影响了社会的进步和经济的可持续发展。工伤康复是工伤保险制度的重要组成部分，是科学发展观和构建社会主义和谐社会理念在社会保障领域的重要体现。建立健全工伤预防、工伤补偿和工伤康复相结合的工伤保险体系，是我国工伤保险制度发展的要求。通过开展工伤康复，促进工伤职工最大限度地恢复生理功能，重返社会、重返工作岗位，是落实“以人为本”、构建社会主义和谐社会的必然要求。随着我国工伤保险参保人数的不断增加，享受工伤保险待遇的工伤职工越来越多，其中相当一部分工伤职工需进行规范的工伤康复。目前，我国工伤康复尚处于探索起步阶段，但已开始受到社会各方面重视。

现阶段我国开展工伤康复工作的主要任务是什么？

（一）规范工伤康复管理服务形式，健全管理制度。工伤康复涉及社会保险机构、康复机构、工伤职工、用人单位四方的关系。如何进一步规范四者之间的权利义务关系，形成行之有效的工伤康复管理制度模式，特别是社会保险机构与康复机构的协议管理关系，是开展工伤康复工作的主要任务之一。同时，工伤康复既是一项复杂的技术工作，更是一项系统的社会工程。因此，必须建立并完善工伤康复管理体系，依托我国现有的工伤保险管理架构，对工伤职工康复指征的确认和康复效果的评估，以及工伤康复费用的管理和支付等康复管理流程进行规范。

（二）研究完善工伤康复政策和标准体系。完善的政策和标准体系，是保证工伤康复工作健康持续发展的前提。在政策方面，包括工伤康复的资金保障政策、再就业支持政策等。在技术标准方面，根据工伤保险基金承受能力和收支平衡的原则，合理确定工伤康复待遇水平和技术标准。

（三）探索工伤康复早期介入机制。工伤康复的目的，是使工伤职工最大限度地恢复生活和工作能力，并重返社会，同时促使工伤伤残鉴定和补偿更加客观和公正。工伤康复介入的越早，对工伤职工生理功能的恢复越有利。因此提倡积极的工伤康复理念，重视康复的早期介入，是我国工伤保险制度发展的趋势。在开展工伤康复工作中，要积极探索工伤康复的早期介入机制，做到治疗与康复并重，并逐步实现先治疗康复，后鉴定补偿。

（四）加强工伤康复专门人才的培养。我国工伤康复起步较晚、起点低，不仅康复基础设施薄弱、康复技术落后，康复专业人才也严重匮乏，这是影响工伤康复工作开展的重要原因。尽快建立工伤康复人才培养机制十分必要。要通过专业院校或研究机构开设职业康复专业、依托国内外康复机构开展培训进修以及探索建立康复职业标准等多种方式，全面培养工伤康复专业技术人才和管理人才，为工伤康复工作提供人才保障。

（五）完善再就业政策支持。对于工伤职工就业政策，《工伤保险条例》明确了企业的责任。在目前就业存在较大压力的情况下，工伤职工通过康复虽然恢复了一定的职业劳动能力，但在体能上仍然难以与正常职工相比，重返工作岗位难度较大。因此，对康复后的工伤职工重返工作岗位或再就业的扶持政策尚需在工作过程中逐步加以明确。

工伤康复的原则是什么？

工伤康复采取治疗和康复并重，医疗康复、职业康复、社会康复兼顾的方式，实行先治疗康复、后鉴定补偿的原则。

工伤康复的对象有哪些？

工伤康复的对象，是指经人力资源社会保障部门认定为工伤（包括视同工伤）的人员中，因工伤造成残疾或身体功能障碍，在停工留薪期内经确认具有康复价值，需要进行住院康复治疗的对象。一般来说，工伤职工符合下列条件之一的，可列入工伤康复对象范围：（一）尚在工伤停工留薪期内且伤病情相对稳定，经确认具有康复价值、需要早期介入康复治疗的；（二）旧伤复发，经确认具有康复价值的。

工伤职工康复住院标准是什么？

2013年，人力资源和社会保障部下发的《工伤康复服务规范（试行）》（2013年修订）对工伤职工由临床治疗转入康复治疗的指征进行了规范。按照这一规范，工伤职工住院康复的一般标准是：经临床急性期治疗后，生命体征基本平稳，病情相对稳定，但仍有持续性功能障碍（如运动、感觉、言语、认知、精神、吞咽、排尿排便和性功能等障碍）而影响生活自理、劳动能力下降，仍不能回归家庭和社会，且具有恢复潜力和康复价值者，均应及早转入康复协议机构住院康复治疗。对于后遗症期病情变化出现新的功能障碍等问题并且有康复价值的，参照上述标准入院康复治疗。

工伤职工康复住院时限是多少？

人力资源和社会保障部下发的《工伤康复服务规范（试行）》（2013年修订）规定，根据受伤部位与损伤类型、功能障碍程度和康复潜力大小，对康复住院时间予以合理限制，住院康复时间不超过12个月。职业康复住院时限一般为60天，最长不超过180天，职业康复住院时限可分段累计计算。

如住院期间病情发生变化影响康复进程，或已到出院时限，但仍有较大康复治疗价值，需继续康复治疗或安装辅助器具者，必须由康复协议机构出具诊断意见和延期康复建议书、经社会保险经办机构核准后方可适当延长住院时间。

经确认为康复对象的工伤职工，工伤康复期终结，或工伤康复协议机构进行康复评定可以出院的，康复对象拒不出院发生的费用全部由康复对象承担。

国家是如何规范医疗康复的?

国家制定了医疗康复方面的规范和标准。医疗康复规范包括功能评定、康复治疗和康复护理等三部分。

功能评定部分根据不同工伤病种功能障碍特点，结合国际功能、残疾和健康分类方式及康复治疗专业分工，对运动、感觉、吞咽、排尿排便和性功能等躯体功能障碍的评定以及心理、认知和言语等功能的评估进行了规范。

康复治疗部分包括物理治疗（含运动疗法、理疗和水疗等）、作业治疗（含日常生活活动训练和认知训练等）、言语治疗、行为心理治疗、中医康复治疗以及康复辅助器具应用等康复治疗和康复辅助技术的应用常规。

康复护理部分包括康复护理评估、康复护理技术常规及心理护理、家庭护理及社区康复护理指导。

国家是如何规范职业社会康复的?

职业社会康复规范是根据近几年我国部分地区职业社会康复的探索经验，并借鉴中国香港和台湾地区以及美国、德国、澳大利亚等职业康复相关的技术、管理标准制定。

工伤职工进行职业康复的一般标准是：工伤职工有就业意愿，没有严重认知功能障碍和相关禁忌证，身体功能大部分恢复，但是仍然受限，影响重返工作岗位的；或者由于工伤后各种因素造成身体功能、工作行为、职业技能或就业信心等方面的改变影响重返工作岗位的；或者工伤后不能返回原单位、原岗位需工作能力重建或工作职务再设计的，均应及早安排职业社会康复治疗。达到退休年龄的工伤职工不进行职业社会康复介入。

工伤职工经康复治疗后出院标准是什么？

工伤职工经康复治疗后已达到预期康复目标，各项功能已恢复到一定水平并基本稳定，生活自理能力提高，无明显的并发症或并发症已控制，安装假肢、矫形器者已能够独立完成穿戴和使用。严重功能障碍的工伤职工，须病情稳定，基本达到预期康复目标或已无进一步康复治疗价值。

住院工伤康复包括哪些病种？

按照人力资源和社会保障部下发的《工伤康复服务规范（试行）》（2013 年修订）的规定，住院工伤康复的诊疗业务内容包括颅脑损伤、脑卒中、持续性植物状态、脊柱脊髓损伤、周围神经损伤、骨折、截肢、手外伤、关节及软组织损伤、烧伤等十个常见病种。

工伤康复服务项目有哪些？

工伤康复服务项目，按照康复医学和措施分类方法，分为医疗康复服务和职业社会康复服务两大类，共计 236 项（未计中医治疗类项目），基本涵盖了工伤康复服务所必需的各种功能评定和治疗训练项目。其中，医疗康复服务包括康复功能评定、康复治疗、康复护理和其他治疗 4 类，共 190 项；职业社会康复服务包括评估和训练 2 类，共 46 项。

如何申请工伤康复，提出申请时应提供哪些材料？

用人单位、工伤人员或其近亲属可以向用人单位工商注册地的区县负责工伤康复的机构（有些地方是劳动能力鉴定委员会），提出住院工伤康复申请。提出工伤康复申请应提供以下材料：填写完整的《住院工伤康复申请表》、工伤认定书原件和复印件、医疗机构出具的医疗诊断证明原件和复印件。

如何进行工伤康复确认？

申请住院工伤康复时提供材料齐全的，负责工伤康复的机构受理初审后报上一级相应机构。上级机构收到申请后，应对工伤人员是否具有康复价值进行评估，并在自受理申请之日起15日内出具《住院工伤康复确认意见》，明确工伤人员是否可以进行工伤康复。确认意见应及时送达用人单位、工伤人员或其近亲属以及工伤康复定点机构。情况特殊的，上级机构作出确认意见的时限可以延长15日。

如何办理住院工伤康复手续？

经负责工伤康复的机构确认同意进行住院工伤康复的工伤对象，在收到《住院工伤康复确认意见》之日起的一定期间内，应当持《住院工伤康复确认意见》及相关资料，到工伤康复定点机构办理住院工伤康复有关手续。

工伤康复机构应如何开展工伤康复？

工伤康复定点机构在收到负责工伤康复的机构出具的《住院工伤康复确认意见》和工伤职工提供的相关资料后，应当及时安排工伤康复对象入院。根据其伤情，按照国家和地方规定的工伤康复服务项目范围和诊疗规范制订工伤康复计划，并按计划提供康复服务。工伤康复计划应当报负责工伤康复的机构和医保经办机构备案。因情况特殊工伤康复计划需要调整的，应当报负责工伤康复的机构同意后实施。工伤康复定点机构应当同时做好工伤康复对象各个时期康复效果的评定和建档工作。

工伤职工在工伤康复期间享受哪些待遇？

工伤康复职工可以享受如下待遇：

（一）工伤康复期间，依照《工伤保险条例》第三十三条有关规定，康复对象享受工伤医疗和停工留薪期待遇。

（二）工伤康复对象住院期间，按照国家和地方的规定享受住院伙食补助费。

康复期间哪些费用不能从工伤保险基金中支付？

国家对此没有规定，一些地方规定，在康复期间，康复对象因下列情况发生的费用，工伤保险基金不予支付：

（一）生活用品费用。

（二）治疗非工伤引发的疾病发生的医疗、康复费用。

（三）超出工伤康复期的费用和未在协议工伤康复机构康复发生的费用。

（四）工伤职工住院康复期间的护理费用。

（五）康复对象故意加重伤情或无故拒绝工伤康复机构检查治疗而增加的医疗费用。

（六）超出核准项目发生的费用。

工伤康复费用如何支付？

工伤康复费用一般包括开展治疗和康复检查、医疗康复费用。

社会保险法规定，治疗工伤的医疗费用和康复费用，按照国家规定从工伤保险基金中支付。

《工伤保险条例》第三十条规定，工伤职工到签订服务协议的医疗机构进行工伤康复的费用，符合规定的，从工伤保险基金支付。但工伤康复机构不及时为康复对象办理出院手续的，终结期后发生的费用全部由工伤康复机构承担。

工伤康复机构违反支付范围的规定，超项目和标准收取费用的，超出费用由工伤康复机构承担。

全国工伤康复专家咨询委员会的职责是什么？

全国工伤康复专家咨询委员会于2007年10月成立。工伤康复专家咨询委员会的职责是：根据工作需要，为全国研究制定工伤康复发展规划，开展工伤康复工作提供技术支持和政策、决策咨询，组织或参与工伤康复有关标准的审定及工伤康复有关项目和课题的研究与论证等。工伤康复专家咨询委员会通过不定期召开专题会议或其他方式，就工伤康复有关问题进行研究。咨询专家可就工伤康复实践中发现的问题随时提出意见和建议。

什么是工伤康复定点机构？

工伤康复定点机构是指由社会保险行政部门根据工伤职工分布情况及需求，按照工伤康复机构准入条件进行检查评估，符合工伤康复机构准入条件并与医疗保险事务管理机构签订工伤康复服务协议，向社会公布的医疗机构。工伤康复机构应具备进行工伤康复基本设施、场所、人才、技术等条件，愿意提供工伤康复服务，符合国家规定的工伤康复机构准入标准。

成为工伤康复机构的条件是什么？

对此，国家没有明确的规定，一些地方则做了规定，如北京市要求，成为工伤康复机构应具备以下条件：

（一）符合工伤保险协议医疗机构的有关要求。

（二）具备二级以上康复专科机构条件或三级综合医疗机构资质。康复技术水平在本地区处于领先水平。

（三）设有专门的康复病房，康复病房床位在 50 张以上，每张病床净使用面积在 6 平方米左右。

（四）康复业务用房面积在 800 平方米以上（不含病房），有独立的康复功能评定、康复治疗和康复支具安装室等。

（五）有较为完善的康复器械和设备。

（六）专业人员配备：拥有 10 名以上康复专业医师（其中副高级以上职称人员比例一般不低于 40%），经过专业培训的康复治疗师 20 名以上。

如何认定医疗康复机构？

医疗康复机构符合国家工伤康复机构准入标准，可以向属地社会保险行政部门提出申请，社会保险行政部门根据医疗康复机构的申请及提供的有关材料，组织当地工伤康复专家咨询委员会专家对医疗康复机构进行评估，评估合格的，由医疗保险经办机构与其签订服务协议，并向社会公布。服务协议应明确双方的权利、责任和义务。协议有效期一般为 1 年。

工伤康复机构应如何为康复对象提供服务？

工伤康复机构在康复对象入院后，应根据康复对象的伤病情况，及时确认其康复期限，制定具体康复方案。康复对象康复治疗结束后，要进行康复效果评定。工伤康复机构还应建立康复对象个人康复档案，保存期限一般要求 20—30 年。康复对象的康复档案记录不全、不详或不实的，其工伤康复费用工伤保险基金不予支付。

第八编 经办与管理

各级人力资源社会保障部门在工伤保险中的职责是什么？

根据部门的“三定”方案，人力资源社会保障部门负责所辖范围内包括工伤保险在内的工伤保险工作。相对而言，行政部门的层次越高，更多的是进行政策的制定与指导；行政部门的层次越低，更多的是办理工伤保险工作的具体管理事务。

在中央层次，负责工伤保险事务的部门是人力资源和社会保障部内的工伤保险司，其具体职责包括：拟定工伤保险的基本政策、改革方案和发展规划；拟定工伤保险费率的确定办法、基金征缴政策、待遇项目和给付标准；拟定工伤保险费用社会统筹政策；拟定工伤保险行业差别费率；拟定工伤保险基金管理政策、规则；组织拟定工伤医疗的药品、诊疗和医疗服务设施的范围与支付标准；组织拟定工伤和职业病伤残等级鉴定标准和劳动能力鉴定办法；拟定劳动鉴定机构管理规则；拟定城镇职工工伤停薪留职期间的待遇政策及标准。

省、地、县各级人力资源社会保障部门在各自的行政区域内负责工伤保险的行政管理工作，其中，地、县级人力资源社会保障部门还具体承担工伤认定的任务。

工伤保险经办机构应当履行哪些职责？

《工伤保险条例》第四十六条规定，经办机构具体承办工伤保险事务，履行下列职责：

（一）根据省、自治区、直辖市人民政府规定，征收工伤保险费；

（二）核查用人单位的工资总额和职工人数，办理工伤保险登记，并负责保存用人单位缴费和职工享受工伤保险待遇情况的记录；

（三）进行工伤保险的调查、统计；

（四）按照规定管理工伤保险基金的支出；

（五）按照规定核定工伤保险待遇；

（六）为工伤职工或者其近亲属免费提供咨询服务。

工伤保险费都是由工伤保险经办机构征收吗?

不一定。《工伤保险费征缴暂行条例》规定：工伤保险费的征收机构由省、自治区、直辖市人民政府规定，可以由社会保险行政部门按照规定设立的工伤保险经办机构征收，也可以由税务部门征收。省、自治区、直辖市一旦决定工伤保险费由工伤保险经办机构征收，工伤保险经办机构就应认真履行征收职责。工伤保险经办机构在征收工伤保险费时，应当与基本养老保险费等其他工伤保险费集中、统一征收，再将征收的工伤保险费分别划入工伤、基本养老保险等项基金中，实行分别核算、单独管理。

工伤保险经办机构如何核查工资总额和职工人数?

工伤保险的缴费基数为用人单位的工资总额。核查用人单位的工资总额是确保工伤保险费应收尽收的重要措施。按照国家统计局有关规定，职工工资总额是指各单位在一定时期内直接支付给本单位全部职工的劳动报酬总额。它包括以下 6 个部分：计时工资、计件工资、奖金、津贴和补贴、加班加点工资、特殊情况下支付的工资。核查用人单位的职工人数是为了确保工伤职工应保尽保，并预防骗取工伤保险待遇现象的发生。

工伤保险经办机构应当定期或者不定期地对用人单位的工

资总额和职工人数进行核查。《工伤保险稽核办法》是规范工伤保险经办机构核查行为的具体规定。根据该规定，工伤保险经办机构实施核查应当按照下列程序进行：

1. 提前 3 日将进行核查的有关内容、要求、方法和需要准备的资料等事项通知被核查对象，特殊情况下的核查也可以不事先通知；

2. 应有两名以上核查人员共同进行，出示执行公务的证件，并向被核查对象说明身份；

3. 对核查情况应做笔录，笔录应当由核查人员和被核查单位法定代表人（或法定代表人委托的代理人）签名或盖章，被核查单位法定代表人拒不签名或盖章的，应注明拒签原因；

4. 对于经核查未发现违反法规行为的被核查对象，工伤保险经办机构应当在核查结束后 5 个工作日内书面告知其核查结果；

5. 发现被核查对象在缴纳工伤保险费或按规定参加工伤保险等方面，存在违反法规行为，要据实写出核查意见书，并在核查结束后 10 个工作日内送达被核查对象。被核查对象应在限定时间内予以改正。发现被核查对象少报、瞒报缴费基数和缴费人数，工伤保险经办机构应当责令其改正；拒不改正的，工伤保险经办机构应当报请工伤保险行政部门依法处罚。发现被核查对象拒绝核查或伪造、变造、故意毁灭有关账册、材料迟延缴纳工伤保险费的，工伤保险经办机构也应当及时报请工伤保险行政部门依法处罚。

工伤保险经办机构及工伤保险核查人员开展核查工作时，可以行使下列权利：

1. 要求被核查单位提供用人情况、工资收入情况、财务报表、统计报表、缴费数据和相关账册、会计凭证等与缴纳工伤保险费有关的情况和资料。

2. 可以记录、录音、录像、照相和复制与缴纳工伤保险费有关的资料，对被核查对象的参保情况和缴纳工伤保险费等方面的情况进行调查、询问。

3. 要求被核查对象提供与核查事项有关的资料。

同时，工伤保险核查人员承担下列义务：

1. 办理核查事务应当实事求是，客观公正，不得利用工作之便谋取私利；

2. 保守被核查单位的商业秘密以及个人隐私；

3. 为举报人保密；

4. 与被核查对象或事项有利害关系的，应当回避。

工伤保险经办机构如何办理工伤保险登记？

办理工伤保险登记，有利于工伤保险经办机构掌握参加工伤保险单位的有关基础信息，为参保单位建立缴费记录，并为核定工伤职工的工伤保险待遇做好准备。按照《工伤保险费征缴暂行条例》和国家有关规定，工伤保险登记包括参保、变更、注销登记等内容。

需要指出的是，工伤保险登记实行属地管理。缴费单位应向所在地工伤保险经办机构办理登记。缴费单位具有异地分支机构的，分支机构一般应作为独立的缴费单位，向其所在地的工伤保险经办机构单独办理工伤保险登记。

工伤保险经办机构如何保存用人单位缴费和职工享受工伤保险待遇情况的记录？

用人单位按照规定参加工伤保险，缴纳工伤保险费，单位发生工伤事故后发生的损失才能转移给工伤保险基金，这是工伤保险基金支付工伤保险待遇的必要条件，是确定某个单位的职工是否具备享受工伤保险待遇资格的依据之一。因此，工伤保险经办机构应当建立并保存缴费记录，随时掌握缴费单位的缴费情况，以便确定工伤保险基金是否应当支付有关费用。工伤保险经办机构应当对以下与单位缴费有关的资料进行保存记录：缴费单位名称、组织机构统一代码、单位注册地址、单位现所在地地址、单位邮政编码、单位类型、单位主管部门或总机构、单位工伤保险登记证编号、单位法人代表、单位的开户银行、户名及账号、单位职工人数、人员分类、工资总额等。当单位缴费的有关资料发生变动时，工伤保险经办机构对变动情况也应及时记录。

此外，职工遭受工伤事故或者患职业病以后，在治疗、康复过程中，病情时而稳定时而反复，职工待遇享受情况有助于反映工伤职工不同阶段的真实情况。因此，对于职工享受工伤保险待遇的情况，工伤保险经办机构也应当如实记录并保存。

工伤保险经办机构如何进行调查、统计？

工伤保险调查、统计，是掌握工伤保险信息的主要渠道，是工伤保险工作决策科学化的技术支撑，工伤保险经办机构在进行这项工作时应当做到信、效、用。

信，就是要保证信息的可信度，做到信息与事实相符合。这就要求建立起科学、统一的调查、统计指标体系，同时，工伤保险经办机构应如实地、准确地报数据。

效，就是要注重信息采集、传递的时效性。为此，各级从事信息工作的人员要有时间观念，把年报、季报、月报和要情专报作为硬任务来完成，注意利用现代化手段，按时传输信息。

用，就是要充分利用信息资源，对已获得的信息进行综合、分析、利用。特别是应针对存在的问题和面临的突出矛盾，进行形势分析，作出科学的预测和判断，及时提出对策、建议。

工伤保险经办机构如何管理工伤保险基金支出？

工伤保险基金支出项目包括工伤医疗费和生活护理费等工伤保险待遇，劳动能力鉴定费用以及适应工伤保险工作需要由法律、法规规定的其他费用。

工伤保险基金纳入社会保障基金财政专户管理。工伤保险基金支付程序分两个步骤：一是工伤保险经办机构根据核定的基金年度预算及月份收支计划，按月填写用款申请书，并注明支出项目、金额，加盖本单位用款专用章，在规定的时间内报送同级财政部门。二是财政部门对工伤保险经办机构报送的用款申请书及时进行审核；审核无误后应在规定的时间内将资金从财政专户拨付给经办机构。经办机构再按照服务协议的规定和核定的待遇分别向医疗机构、辅助器具配置机构和工伤职工及其亲属支付资金。

工伤保险基金支付分为两种情况：伤残补助金、伤残津贴、遗属抚恤金、丧葬补助金，一次性工亡补助金，由工伤保险经办机构直接发放给工伤职工（或其近亲属），或委托银行、邮局以及依托社区进行社会化发放。工伤医疗费、康复性治疗费、辅助器具配置费的支付方式有按服务项目付费、按服务单元付费、按人头付费和按病种付费等模式，具体应由工伤保险经办机构与医疗机构、辅助器具配置机构按照服务协议规定的方式，及时结算并支付费用。

工伤保险经办机构如何核定工伤保险待遇？

《工伤保险条例》规定了享受工伤医疗待遇、伤残待遇和其他工伤待遇的条件、标准和程序，工伤保险经办机构及其工作人员应当严格遵守这些规定。

工伤保险经办机构能为工伤职工或者其近亲属提供哪些咨询服务?

工伤保险是一个相对复杂的制度体系，与其他制度相比较，表现出相当强的政策性。工伤保险经办机构作为具体承办工伤保险事务的专门机构，对工伤保险制度和相关政策、法规、标准应该十分熟悉。工伤职工或者其近亲属对这些往往并不熟悉，甚至十分陌生。

工伤保险经办机构是劳动保障系统的一个服务窗口，应当树立全心全意为工伤人员服务的意识，向他们宣传工伤保险法律、法规、规章和政策，解答他们的疑问，并不得收取任何费用。

什么是辅助器具配置机构?

辅助器具配置机构，是指为工伤保险参保人员配置辅助器具的定点机构，由工伤保险经办机构与其签订服务协议，工伤职工可选择其中任何一家配置辅助器具。

医疗机构、辅助器具配置机构应该如何确定?

医疗机构、辅助器具配置机构的确定，一方面，对于工伤职工的医疗救治和康复具有直接的影响。另一方面，被确定为工伤专门的医疗机构、辅助器具配置机构，其中蕴含着可观的商业利益。在这个过程中，存在不正当竞争行为甚至违法犯罪行为的可能性很大。医疗机构、辅助器具配置机构的确定，应该慎之又慎，并尽可能做到公开透明，以确保公正、公平。有鉴于此，《工伤保险条例》第四十七条规定，经办机构与医疗机构、辅助器具配置机构在平等协商的基础上签订服务协议，并公布签订服务协议的医疗机构、辅助器具配置机构的名单。具体办法由国务院工伤保险行政部门分别会同国务院卫生行政部门、民政部门等部门制定。根据这一规定，医疗机构、辅助器具配置机构的确定，应当符合以下要求：

一是经办机构与医疗机构、辅助器具配置机构在平等协商的基础上签订服务协议，并公布签订服务协议的医疗机构、辅助器具配置机构的名单。平等协商，是为了同时保障相关机构的合法权益；公布，是为了更好地接受社会的监督。

二是应当按照国务院工伤保险行政部门与国务院卫生行政部门、民政部门等部门共同制定的具体办法进行。

工伤保险经办机构为什么要与医疗机构、辅助器具配置机构签订服务协议？

服务协议，是指工伤保险经办机构与医疗机构、辅助器具配置机构就有关工伤患者就诊、诊疗项目、药品、辅助器具管理、费用给付、争议处理办法等事项进行协商所达成的权利义务协议。签订服务协议能使工伤保险经办机构与医疗机构、辅助器具配置机构之间的权利义务确定和明晰，有利于使伤者就医（包括配置辅助器具）、医院治疗、经办机构付账的整个工伤保险过程具体化、明晰化，有利于医、保、患三方相互监督。对工伤保险经办机构而言，有利于其经办具体业务，有利于对医疗机构、辅助器具配置机构进行监督检查，对于违反规定的医疗机构和辅助器具配置机构可以解除服务协议，从而控制医疗机构的不合理医疗行为，避免医疗资源浪费，同时保证医疗质量、确保有效服务；对医疗机构、辅助器具配置机构而言，通过服务协议所确立的利益机制，有利于调动其主动性和积极性，当与工伤保险经办机构发生争议时，也有据可查，便于解决争议。签订服务协议更重要的目的，是为了保证工伤职工享受优质的医疗服务，最大限度地使伤残职工得到康复，重返社会。

工伤保险经办机构应如何选择医疗机构、辅助器具配置机构？

工伤保险经办机构选择医疗机构、辅助器具配置机构应考虑以下事项：一是应当有利于促进医疗卫生资源的优化配置，提高医疗卫生资源的利用效率；二是要促进医疗机构合理竞争，提高医疗服务质量；三是要方便参加工伤保险的工伤职工就医治疗、配置辅助器具；四是要兼顾综合与专科、中医与西医，合理布局，形成网络。

工伤保险经办机构与医疗机构、辅助器具配置机构签订服务协议的过程是怎样的？

工伤保险经办机构与医疗机构、辅助器具配置机构签订服务协议，首先，由医疗机构、辅助器具配置机构分别向统筹地区工伤保险经办机构提出签订服务协议的意见，并提供有关证明材料；其次，工伤保险经办机构根据有关规定，在征求同级卫生等行政部门意见的基础上，对医疗机构、辅助器具配置机构报送的材料进行审定，选择符合条件的医疗机构、辅助器具配置机构；再次，工伤保险经办机构与医疗机构、辅助器具配置机构签订包括服务人群、服务范围、主要服务内容以及服务质量、收费标准、费用结算办法、费用审核与控制等内容的服务协议，以明确双方的权利、义务和责任，并向社会公布签订服务协议的医疗机构、辅助器具配置机构的名单；最后，工伤保险参保单位和职工根据就近、分级医疗的原则按级别在与工伤保险经办机构签订服务协议的范围选择就诊医疗机构、辅助器具配置机构，并报工伤保险经办机构批准。

与工伤保险经办机构签订服务协议的医疗机构、辅助器具配置机构应当符合哪些条件?

按照《工伤保险条例》和其他有关规定，与工伤保险经办机构签订服务协议的医疗机构、辅助器具配置机构应当符合以下条件:

一是作为合法医疗机构、辅助器具配置机构本身应当具备的资格条件。包括:按照《医疗机构管理条例》的规定，经登记并取得合法、有效的《医疗机构执业许可证》;经医疗机构评审合格，或具有相应的医疗人员、医疗技术设备和相对固定的服务对象，能保证及时提供基本医疗服务;严格遵守有关医疗质量方面的法律、法规和卫生行政部门的规定，建立健全各项医疗质量管理制度，因病施治，合理检查，合理用药，严格出入院标准;严格执行国家、省(自治区、直辖市)物价和计量部门规定的医疗服务、药品价格及计量标准，定期接受物价和计量部门的监督、检查，并取得合格证明。

二是应当具有能够为工伤职工有效提供基本医疗服务需具备的条件。包括:严格执行有关工伤保险用药、诊疗、住院服务目录和标准等规定;制定与工伤保险日常管理相适应的内部管理制度，配备和使用必需的管理设备和手段。

《关于加强工伤保险医疗服务协议管理工作的通知》对工伤保险协议医疗机构的条件作了进一步明确。它规定，工伤保险协议医疗机构必须具备以下基本条件:

(一)经卫生及中医药行政部门批准并取得《医疗机构执业许可证》的医疗机构，以及经地方卫生行政部门同意对社会提供服务的军队医疗机构;

(二)具备为工伤职工提供良好医疗服务的条件，在工伤救治、康复和职业病防治方面有专业技术优势;

（三）遵守国家有关医疗服务和职业病防治管理的法规和标准，有健全和完善的医疗服务管理制度；

（四）遵守国家和省、自治区、直辖市物价管理部门规定的医疗服务和药品的价格政策；

（五）遵守工伤保险的法律、法规。

如何加强工伤职工的就医管理？

《关于加强工伤保险医疗服务协议管理工作的通知》规定，职工发生工伤后，应当在统筹地区的协议医疗机构进行治疗，病情危急时可送往就近医疗机构进行抢救；在统筹区域以外发生工伤的职工，可在事故发生地优先选择协议医疗机构治疗。

凡未在统筹地协议医疗机构救治的工伤职工，用人单位要及时向经办机构报告工伤职工的伤情及救治医疗机构的情况，并待病情稳定后转回统筹地区的协议医疗机构治疗。

工伤职工因旧伤复发需要治疗的，用人单位凭协议医疗机构的诊断证明，向经办机构申请并经核准后列入工伤保险医疗服务管理范围。

用人单位、工伤职工、经办机构因治疗旧伤复发需要治疗发生争议的，须凭协议医疗机构的诊断证明，经劳动能力鉴定委员会鉴定后确认。

工伤保险协议的医疗服务主体有哪些职责？

《关于加强工伤保险医疗服务协议管理工作的通知》对协议双方分别规定了以下职责。

经办机构要依据协议加强对工伤保险医疗服务费用的管理和监督检查，按工伤保险有关规定和协议约定，及时支付工伤职工发生的医疗费用；建立健全工伤保险医疗费用管理制度和各类台账，做好费用的统计分析；定期听取协议医疗机构对改进工作的意见；协调协议医疗机构与用人单位以及工伤职工有关工伤保险医疗服务的事宜。

工伤保险协议医疗机构要明确专门机构并配备专（兼）职人员，建立健全内部管理制度，做好医务人员工伤保险政策法规的宣传和培训；严格执行工伤保险诊疗项目目录、药品目录和住院服务标准，切实做到合理检查、合理治疗、合理用药、合理收费；按照协议约定做好工伤医疗费用管理，并按时提交工伤职工费用结算清单；配合人力资源社会保障部门或经办机构，及时调取、据实出具医疗诊断证明书等有关医学材料。

经办机构和协议医疗机构在哪些情形下可终止协议？

《关于加强工伤保险医疗服务协议管理工作的通知》规定，经办机构和协议医疗机构有下列情形之一的，双方可终止协议：

（一）协议期满，其中一方提出终止协议的；

（二）协议执行期间，一方违反协议，经协商双方不能达成一致意见的；

（三）因协议医疗机构合并、解散等原因无法履行协议的。

协议医疗机构认为经办机构未履行有关协议或规定的，可以依法申请行政复议，对行政复议不服的，可以依法提出诉讼。

如何规范工伤保险协议医疗服务费用管理？

《关于加强工伤保险医疗服务协议管理工作的通知》对规范工伤保险协议医疗服务费用管理作出了以下规定。

工伤保险医疗服务水平要与我国现阶段经济和社会发展水平相适应，既要保证工伤职工救治的合理需要，又要保证工伤保险基金的合理使用。

对工伤职工发生的符合工伤保险药品目录、诊疗项目目录和住院服务标准等管理规定的医疗费用和康复费用，包括职工工伤认定前已由医疗保险基金、用人单位或职工个人垫付的工伤医疗费用，由经办机构从工伤保险基金中按规定予以支付。

对于工伤职工治疗非工伤疾病所发生的费用、符合出院条件拒不出院继续发生的费用，未经经办机构批准自行转入其他医疗机构治疗所发生的费用和其他违反工伤保险有关规定的费用，工伤保险基金不予支付。

工伤职工在协议医疗机构就医发生医疗事故的，按照《医疗事故处理条例》处理。

哪些部门和机构负责工伤保险辅助器具配置管理工作？

对工伤保险辅助器具配置管理工作，《工伤保险辅助器具配置管理办法》作出了如下规定：

（一）人力资源社会保障行政部门负责工伤保险辅助器具配置的监督管理工作。民政、卫生计生等行政部门在各自职责范围内负责工伤保险辅助器具配置的有关监督管理工作。

工伤保险经办机构负责对申请承担工伤保险辅助器具配置服务的辅助器具装配机构和医疗机构进行协议管理，并按照规定核付配置费用。

设区的市级（含直辖市的市辖区、县）劳动能力鉴定委员会（以下称劳动能力鉴定委员会）负责工伤保险辅助器具配置的确认工作。

（二）省、自治区、直辖市人力资源社会保障行政部门负责制定工伤保险辅助器具配置机构评估确定办法。

经办机构按照评估确定办法，与工伤保险辅助器具配置机构签订服务协议，并向社会公布签订服务协议的工伤保险辅助器具配置机构名单。

（三）人力资源和社会保障部根据社会经济发展水平、工伤职工日常生活和就业需要等，组织制定国家工伤保险辅助器具配置目录，确定配置项目、适用范围、最低使用年限等内容，并适时调整。

省、自治区、直辖市人力资源社会保障行政部门可以结合本地区实际，在国家目录确定的配置项目基础上，制定省级工伤保险辅助器具配置目录，适当增加辅助器具配置项目，并确定本地区辅助器具配置最高支付限额等具体标准。

工伤职工提出辅助器具配置确认申请，需提交哪些材料？

《工伤保险辅助器具配置管理办法》规定，工伤职工认为需要配置辅助器具的，可以向劳动能力鉴定委员会提出辅助器具配置确认申请，并提交下列材料：

（一）《工伤认定决定书》原件和复印件，或者其他确认工伤的文件；

（二）居民身份证或者社会保障卡等有效身份证明原件和复印件；

（三）有效的诊断证明、按照医疗机构病历管理有关规定复印或者复制的检查、检验报告等完整病历材料。

工伤职工本人因身体等原因无法提出申请的，可由其近亲属或者用人单位代为申请。

劳动能力鉴定委员会如何处置工伤职工提出的辅助器具配置确认申请？

《工伤保险辅助器具配置管理办法》规定，劳动能力鉴定委员会收到辅助器具配置确认申请后，应当及时审核；材料不完整的，应当自收到申请之日起 5 个工作日内一次性书面告知申请人需要补正的全部材料；材料完整的，应当在收到申请之日起 60 日内作出确认结论。伤情复杂、涉及医疗卫生专业较多的，作出确认结论的期限可以延长 30 日。

劳动能力鉴定委员会专家库应当配备辅助器具配置专家，从事辅助器具配置确认工作。劳动能力鉴定委员会应当根据配置确认申请材料，从专家库中随机抽取 3 名或者 5 名专家组成专家组，对工伤职工本人进行现场配置确认。专家组中至少包括 1 名辅助器具配置专家、2 名与工伤职工伤情相关的专家。

专家组根据工伤职工伤情，依据工伤保险辅助器具配置目录有关规定，提出是否予以配置的确认意见。专家意见不一致时，按照少数服从多数的原则确定专家组的意见。劳动能力鉴定委员会根据专家组确认意见作出配置辅助器具确认结论。其中，确认予以配置的，应当载明确认配置的理由、依据和辅助器具名称等信息；确认不予配置的，应当说明不予配置的理由。

劳动能力鉴定委员会应当自作出确认结论之日起 20 日内将确认结论送达工伤职工及其用人单位，并抄送经办机构。

经办机构向工伤职工出具配置费用核付通知单后应告知哪些事项？

《工伤保险辅助器具配置管理办法》规定，工伤职工收到予以配置的确认结论后，及时向经办机构进行登记，经办机构向工伤职工出具配置费用核付通知单，并告知下列事项：

（一）工伤职工应当到协议机构进行配置；

（二）确认配置的辅助器具最高支付限额和最低使用年限；

（三）工伤职工配置辅助器具超目录或者超出限额部分的费用，工伤保险基金不予支付。

工伤职工配置辅助器具哪些费用可以由工伤保险基金支付？

《工伤保险辅助器具配置管理办法》规定，工伤职工配置辅助器具的费用包括安装、维修、训练等费用，按照规定由工伤保险基金支付。

经经办机构同意，工伤职工到统筹地区以外的协议机构配置辅助器具发生的交通、食宿费用，可以按照统筹地区人力资源社会保障行政部门的规定，由工伤保险基金支付。

辅助器具达到规定的最低使用年限的，可否申请更换？

《工伤保险辅助器具配置管理办法》规定，辅助器具达到规定的最低使用年限的，工伤职工可以按照统筹地区人力资源社会保障行政部门的规定申请更换。

工伤职工因伤情发生变化，需要更换主要部件或者配置新的辅助器具的，经向劳动能力鉴定委员会重新提出确认申请并经确认后，由工伤保险基金支付配置费用。

经办机构与工伤保险辅助器具配置机构签订的服务协议应当包括哪些内容？

《工伤保险辅助器具配置管理办法》规定，经办机构与工伤保险辅助器具配置机构签订的服务协议，应当包括下列内容：

（一）经办机构与协议机构名称、法定代表人或者主要负责人等基本信息；

（二）服务协议期限；

（三）配置服务内容；

（四）配置费用结算；

（五）配置管理要求；

（六）违约责任及争议处理；

（七）法律、法规规定应当纳入服务协议的其他事项。

在哪些情形下经办机构可不予支付配置费用？

《工伤保险辅助器具配置管理办法》规定，有下列情形之一的，经办机构不予支付配置费用：

（一）未经劳动能力鉴定委员会确认，自行配置辅助器具的；

（二）在非协议机构配置辅助器具的；

（三）配置辅助器具超目录或者超出限额部分的；

（四）违反规定更换辅助器具的。

对经办机构违规违约行为如何处理？

《工伤保险辅助器具配置管理办法》规定，经办机构在协议机构管理和核付配置费用过程中收受当事人财物的，由人力资源社会保障行政部门责令改正，对直接负责的主管人员和其他直接责任人员依法给予处分；情节严重，构成犯罪的，依法追究刑事责任。

经办机构不按时足额结算配置费用的，由人力资源社会保障行政部门责令改正；协议机构可以解除服务协议。

从事工伤保险辅助器具配置确认工作的组织或者个人发生违法违规行为的，如何处理？

《工伤保险辅助器具配置管理办法》规定，从事工伤保险辅助器具配置确认工作的组织或者个人有下列情形之一的，由人力资源社会保障行政部门责令改正，处 2000 元以上 1 万元以下的罚款；情节严重，构成犯罪的，依法追究刑事责任：

（一）提供虚假确认意见的；

（二）提供虚假诊断证明或者病历的；

（三）收受当事人财物的。

工伤保险经办机构应不应该对调整工伤保险费率提出建议？

应该。保险费率的调整，直接关系到工伤保险基金的筹集，是工伤保险基金管理的重要环节，同时也是整个工伤保险工作的重要组成部分。因此，《工伤保险条例》第四十九条规定，经办机构应当定期公布工伤保险基金的收支情况，及时向社会保险行政部门提出调整费率的建议。

改进工伤保险工作应该听取哪些方面的意见？

做好并不断改进工伤保险工作，离不开全社会的关心和支持。因此，《工伤保险条例》第五十条规定，社会保险行政部门、经办机构应当定期听取工伤职工、医疗机构、辅助器具配置机构以及社会各界对改进工伤保险工作的意见。

工伤职工是工伤保险的直接受益者，是最为关注工伤保险工作的社会群体。如果工伤保险不能保障他们的权益，不能使他们受益，工伤保险工作就从根本上失去了意义。医疗机构、辅助器具配置机构属于专业群体，在工伤的医疗救治方面，他们的意见具有权威性，社会保险行政部门、经办机构应当认真听取他们的意见。最后，还要听取社会各界关心工伤保险事业和工伤保险工作的有识之士的意见和建议。为了不使听取意见流于形式或者变得可有可无，《工伤保险条例》将定期听取各方面意见作为制度确定下来。

哪些部门有权对工伤保险费的征缴、工伤保险基金的管理进行监督检查？

《工伤保险条例》第五十一条规定，社会保险行政部门依法对工伤保险费的征缴和工伤保险基金的支付情况进行监督检查。财政部门和审计机关依法对工伤保险基金的收支、管理情况进行监督。

社会保险行政部门依法对工伤保险费的征缴和工伤保险基金的支付情况进行监督检查。工伤保险行政部门调查工伤保险费征缴违法案件时，有关部门、单位应当给予支持、协助。

财政部门和审计机关依法对工伤保险基金的收支、管理情况进行监督。按照《工伤保险费征缴暂行条例》的规定，工伤保险基金实行收支两条线管理，由财政部门依法进行监督。审计部门依法对工伤保险基金的收支情况进行监督。

对工伤保险违法行为，社会组织或者个人是否有权举报，有关部门应该如何处理？

《工伤保险条例》第五十二条规定，任何组织和个人对有关工伤保险的违法行为，有权举报。社会保险行政部门对举报应当及时调查，按照规定处理，并为举报人保密。为了保障社会组织和公民个人对工伤保险违法行为的举报和有关部门对举报的处理，需要明确部门职责并建立相关的制度。目前，各级工伤保险行政部门已经普遍建立了举报受理、查处的专门职能机构，配备了专门的工作人员。当社会组织或者个人发现有关工伤保险的违法行为时，均可以向工伤保险行政部门举报，工伤保险行政部门对违法行为应当予以制止，并责令有关单位和个人予以改正，依法作出行政处罚和处理决定，以确保工伤保险各项具体制度的贯彻实施，维护好广大职工和用人单位的合法权益。

工会组织在工伤保险方面具有哪些职责？

《工伤保险条例》第五十三条规定，工会组织依法维护工伤职工的合法权益，对用人单位的工伤保险工作实行监督。

工会是职工自愿结合的群众组织。维护职工合法权益是工会的基本职责。工会通过平等协商和集体合同制度，协调劳动关系，维护企业职工劳动权益。工会依照法律规定通过职工代表大会或者其他形式，组织职工参与本单位的民主决策、民主管理和民主监督。针对工伤保险，《工伤保险条例》规定了工会组织两个方面的职责：

一是依法维护工伤职工的合法权益。具体地说，第一，在社会保险行政部门在依法征求关于制定工伤保险政策、标准的意见时，工会组织应当采取积极的态度，切实反映并维护好广大职工的利益。第二，依法向有关部门提出工伤认定的申请。用人单位没有按照规定的时间提出工伤认定的申请时，工会组织有权在工伤发生之日起一年内直接向用人单位所在地统筹地区劳动保障行政主管部门提出工伤认定申请。第三，协助有关部门对事故伤害进行调查核实，以切实维护好工伤职工的利益。第四，参加劳动能力鉴定委员会，依法对工伤职工的劳动能力进行鉴定。

二是对用人单位的工伤保险工作实行监督。具体地说，第一，监督用人单位参加工伤保险。第二，监督用人单位依法足额缴纳工伤保险费。第三，监督用人单位及时向劳动行政保障部门提出工伤认定申请。第四，监督用人单位负担的工伤保险待遇的支付。第五，对在工伤保险工作方面存在的问题，向用人单位提出意见和建议，或者向有关主管部门反映情况。

有关单位和个人与社会保险行政部门或经办机构在工伤保险方面发生的争议，应当如何解决？

有关单位和个人与社会保险行政部门和经办机构在工伤保险方面发生的争议，属于行政争议的范畴。这些争议，主要包括工伤认定、工伤保险待遇的核定、工伤保险费的缴纳以及工伤保险基金的支付等方面，以及有关单位和个人对社会保险行政部门和经办机构的具体行政行为不服。这种行政争议比较特殊，因此，《工伤保险条例》对争议的范围和争议解决的途径都作出了明确的规定。《工伤保险条例》第五十五条规定，有下列情形之一的，有关单位或者个人可以依法申请行政复议，也可以依法向人民法院提起行政诉讼：

（一）申请工伤认定的职工或者其近亲属、该职工所在单位对工伤认定申请不予受理的决定不服的；

（二）申请工伤认定的职工或者其近亲属、该职工所在单位对工伤认定结论不服的；

（三）用人单位对经办机构确定的单位缴费费率不服的；

（四）签订服务协议的医疗机构、辅助器具配置机构认为经办机构未履行有关协议或者规定的；

（五）工伤职工或者其近亲属对经办机构核定的工伤保险待遇有异议的。

挪用工伤保险基金会受到哪些处罚？

《工伤保险条例》第五十六条规定，单位或者个人违反本条例第十二条规定挪用工伤保险基金，构成犯罪的，依法追究刑事责任；尚不构成犯罪的，依法给予处分或者纪律处分。被挪用的基金由工伤保险行政部门追回，并入工伤保险基金；没收的违法所得依法上缴国库。

社会保险行政部门工作人员的哪些行为会受到惩处？

《工伤保险条例》第五十七条规定，社会保险行政部门工作人员有下列情形之一的，依法给予处分；情节严重，构成犯罪的，依法追究刑事责任：

（一）无正当理由不受理工伤认定申请，或者弄虚作假将不符合工伤条件的人员认定为工伤职工的；

（二）未妥善保管申请工伤认定的证据材料，致使有关证据灭失的；

（三）收受当事人财物的。

什么是“弄虚作假，将不符合工伤条件的人员认定为工伤”？

“弄虚作假，将不符合工伤条件的人员认定为工伤职工的”，是指在工伤认定中，负责工伤认定的工作人员利用职权，采取编造事实，提供虚假证明材料、虚假鉴定或者故意违反工伤认定程序等行为，将不属于工伤范围的人（如工伤认定工作人员的亲友或者有其他利益关系的人）认定为工伤的情形。

将不属于工伤的人员认定为工伤，主要表现为以下几种情况：（1）违反关于工伤范围的构成要件认定。对于因事故造成的伤害，必须以在工作时间、在工作场所内和因工作原因3个构成要素为认定前提。故意将缺少工伤构成要件的人员认定为工伤，属于弄虚作假行为。（2）违反工伤认定的程序，故意超越阶段进行认定，不按照时限要求认定等。（3）故意将条例规定不得认定为工伤的人员认定为工伤，如因本人醉酒或者违反治安管理的行为造成伤害的人员。（4）不严格执行视同工伤的条件，故意扩大视同工伤的范围。（5）利用职权，编造虚假证明材料，将不属于工伤范围的人认定为工伤等。

弄虚作假在主观上是一种滥用职权的故意行为，其行为的后果是将不符合工伤条件的人认定为工伤职工，其性质是严重的，因此《工伤保险条例》规定，社会保险行政部门工作人员有上述行为的，依法给予行政处分；情节严重，构成犯罪的，依法追究刑事责任。

如何理解“未妥善保管申请工伤认定的证据材料，致使有关证据灭失”？

保管申请工伤认定的证据材料，是社会保险行政部门从事工伤认定工作人员的职责。不能妥善保管申请工伤认定的证据材料，致使有关证据灭失，是一种严重的失职行为。

按照法律规定，证据包括书证、物证、视听材料、证人证言、当事人的陈述、鉴定结论、勘验笔录、现场笔录。在工伤认定中，与认定职工是否为工伤这一事实有关的物证、证人证言、鉴定结论等都属于工伤认定的证据材料，有关人员必须妥善保管。所谓致使证据灭失，不是指证据材料保管不当，而是指因有关人员的行为导致证据遗失、销毁等使证据不再存在的情形。

经办机构在工伤保险方面的哪些行为会受到惩处？

《工伤保险条例》第五十八条规定，经办机构有下列行为之一的，由社会保险行政部门责令改正，对直接负责的主管人员和其他责任人员依法给予纪律处分；情节严重，构成犯罪的，依法追究刑事责任；造成当事人经济损失的，由经办机构依法承担赔偿责任：

（一）未按规定保存用人单位缴费和职工享受工伤保险待遇情况记录的；

（二）不按规定核定工伤保险待遇的；

（三）收受当事人财物的。

医疗机构、辅助器具配置机构不按服务协议提供服务的，如何处理？

《工伤保险条例》第五十九条规定，医疗机构、辅助器具配置机构不按服务协议提供服务的，经办机构可以解除服务协议。

医疗机构、辅助器具配置机构骗取工伤保险基金支出的，如何处理？

《工伤保险条例》第六十条规定，医疗机构、辅助器具配置机构骗取工伤保险基金支出的，由社会保险行政部门责令退还，处骗取金额 2 倍以上 5 倍以下的罚款；情节严重，构成犯罪的，依法追究刑事责任。

经办机构不按时足额结算费用的，如何处理？

《工伤保险条例》第五十九条规定，经办机构不按时足额结算费用的，由社会保险行政部门责令改正；医疗机构、辅助器具配置机构可以解除服务协议。